LA FUGA

LA FUGA

Por Qué Los Jóvenes Se Van De La Iglesia

Daniel Pujol

Tyndale House Publishers, Inc.
Carol Stream, Illinois, EE. UU.

Visite Tyndale en Internet: www.tyndaleespanol.com y www.BibliaNTV.com.

TYNDALE y el logotipo de la pluma son marcas registradas de Tyndale House Publishers, Inc.

La fuga: Por qué los jóvenes se van de la Iglesia

Originalmente publicado en el 2013 por Ediciones Noufront, con ISBN 978-84-15404-65-1.

Diseño de la portada e interior: produccioneditorial.com

Ilustración de la portada e interior: produccioneditorial.com

ISBN 978-1-4964-0288-2

Impreso en Estados Unidos de América
Printed in the United States of America

21 20 19 18 17 16
7 6 5 4 3 2

A ti, Padre, gracias por concederme
la verdadera vida y libertad.

ÍNDICE

PRÓLOGO

¿Por qué se van los jóvenes de la iglesia? Esta es la pregunta que trae de cabeza a iglesias y familias que en los últimos años han sufrido el dolor de ver una salida masiva de jóvenes en una fuga que ha dejado profundas heridas que necesitan ser sanadas.

Era necesario que alguien abordara esta problemática con valentía, claridad y rigor. El autor afronta con acierto esta difícil y arriesgada tarea en un libro imprescindible para todo creyente que además de preocuparse por este asunto sienta la necesidad de reflexionar sobre su situación espiritual. Este es uno de los grandes aciertos del libro, que analiza la marcha de los jóvenes desde una perspectiva general pero también centrando su atención en la relación personal que cada creyente debe tener con Dios, independientemente de la edad.

Con la legitimidad que le da su propia experiencia y habiendo formado parte de esa misma fuga, el autor se sumerge en una reflexión crítica y productiva que huye de dogmatismos siendo consciente de la gran cantidad de matices y sensibilidades que abarca la temática. No estamos ante un frío análisis estadístico lleno de datos y gráficos, sino ante un texto escrito desde el corazón, impulsado por una sincera preocupación y celo por los que un día «abandonaron los caminos de Dios».

El autor deja de lado la tentación de buscar culpables en la iglesia, la familia o en los mismos jóvenes, y se dirige de forma directa a las tres partes señalando sus responsabilidades, sin concesiones y de forma constructiva.

El énfasis principal de la obra no es que los jóvenes vuelvan a la iglesia, sino que busquen a Dios. Sitúa el punto de mira en la relación del creyente con Dios y nos ofrece una herramienta útil para la renovación espiritual. Porque esta es una de las premisas del autor a la hora de analizar el problema: la iglesia necesita renovarse, tanto en lo formal como en lo espiritual.

La fuga es una invitación a ser valientes, revisarnos delante de Dios y volvernos a él para ser restaurados. También es un reto para dejar la comodidad y salir a buscar a las personas fuera del ámbito religioso. Este es el punto de partida para poder abordar con acierto la problemática de la marcha de los jóvenes.

Miguel Ángel Gómez
Escritor y *blogger*

LOS DOS EXTREMOS

Moisés Fernández

Nació en Barcelona (España), y vive junto a su mujer Patricia y sus dos hijos en Washington D.C., donde dirige el programa radial Hablemos Hoy en una de las emisoras hispanas más respetadas de la ciudad. Se graduó en el Christ For The Nations Institute en Dallas (Texas), y obtuvo su licenciatura en Teología por la Vision International University de California. Como conferencista ha visitado toda Latinoamérica, así como diferentes comunidades hispanas por EE.UU. Es director general de FCI, entidad que desarrolla proyectos sociales con jóvenes exdelincuentes en Centroamérica. Desarrolla su labor como pastor evangélico en la ciudad de Barcelona motivando a cientos de jóvenes en la ciudad y en el país a vivir una vida de propósito por medio de valores y principios bíblicos espirituales.

Cuando tenemos la osadía de asomarnos a la ventana para observar la realidad y nos proponemos entender la nueva aldea global en la que hayamos a la iglesia de este siglo XXI, se hace imposible alzar nuestra mirada sin reconocer que algunas cosas han cambiado y que estamos obligados a poner especial atención tanto en la forma en la cual la información está influyendo en las personas como en el papel relevante del cristianismo de hoy.

Cuando observamos los ciclos divinos en los entresijos de la historia humana, contemplamos geográficamente cómo la evangelización se ha extendido en los diferentes continentes y haciéndose necesaria en los momentos de Dios para cada nación. Por ejemplo, si observamos la iglesia evangélica en los Estados Unidos de América, podemos observar que en su origen y fundación los principios bíblicos tuvieron un enorme calado sociopolítico transformador, muy beneficioso para la propagación y su posterior enriquecimiento espiritual. Estos principios, por la influencia de esta nación en el mundo, desembocaron en la elaboración de una fuerte y variada red que envió miles de misioneros a promover la evangelización en el mundo. El caso de Centroamérica y Sudamérica fue uno de los ejemplos. Hoy tenemos la sensación de que Norteamérica (y esta generación actual en particular) necesita ser conmovida de nuevo, o por lo menos inspirada en forma transformadora, a llevar las buenas nuevas a la generación del siglo XXI, puesto que algunas herramientas del pasado utilizadas exitosamente hoy no son tan eficaces como lo fueron al principio. Latinoamérica vive uno de los momentos de mayor avance en lo que se refiere a la expansión del evangelio, pero también deja sentir que algunos métodos y formas urgentemente deben quedar atrás para recibir con los brazos abiertos instrucciones claras en la metodología espiritual aplicable a nuestro nuevo mundo global e interactivo. Tenemos muchos contrastes difíciles de comprender, pero están presentes. Algunos movimientos en Latinoamérica por años enseñaban o instaban a mujeres y hombres a ser «decorosos» en su forma de vestir. Si una persona usaba cualquier tipo de maquillaje se considera algo indecoroso e incluso pecaminoso. Esta forma de pensamiento tiene efecto hoy en día incluso en la comunidad hispana que vive en los Estados Unidos. En una ocasión, al finalizar un servicio al que mi esposa y yo fuimos invitados en el estado de Texas, y mientras nos dirigíamos a nuestro vehículo, observamos cómo la mayoría de hermanos de la iglesia vestían como por código doctrinal. La mayoría de las mujeres no usaban zarcillos, todas llevaban falda larga y casi todas el peinado similar. Su esposo, de igual forma muy tradicionalmente vestido; lo curioso del caso es que vimos cómo subían a su vehículo muy moderno, un *hummer* color amarillo impresionante y muy bonito. Para nosotros fue un contraste que nos dejó con la boca abierta, no solo por el tremendo vehículo, una maravilla de la tecnología actual, sino por la discrepancia entre la máxima actualidad de expresión automovilística y la máxima expresión con lo tradicional. Ésta fue una gran lección, por lo menos para nosotros: cómo debemos trabajar y ser eficaces en ambos lados de la realidad sin descuidar ninguno de ellos; tanto en lo postmoderno, para que este reciba en forma clara el mensaje cristocéntrico, como en el otro extremo, el cual sin lugar a dudas debe experimentar algunas actualizaciones, como los *smartphones* de hoy. La palabra *actualización* está presente constantemente en nuestros teléfonos: nos exige estar actualizando el sistema operativo o, de lo contrario, por muy eficaz que haya sido en su origen la composición y dotación electrónica, terminará sin poder ser funcional en la realidad que vive; en otras palabras, dejará de comunicar de forma eficaz y perderá el sentido de su existencia. Esto puede ser, más o menos, lo que le puede ocurrir a la propia iglesia.

Puede que sea demasiado osado expresarlo de esta forma, pero es así: ambos extremos necesitan ayuda. Este ejemplo nos revela una amplia fotografía actual y colorida en la que cabemos todos, pero estamos obligados a comprender de forma profunda las formas en cada ambiente. Creo sinceramente que debemos estar atentos a cómo estamos comunicando, ya que eso es lo realmente importante para seguir siendo transformados y no alejar a ninguna persona del mensaje del evangelio en un mundo lleno de contrastes y cada vez más atípico. Nuestra capacidad de amar a otros en medio de las diferencias nos permite hacer bien esta tarea. Debe cambiar la forma en la que comunicamos en los púlpitos: para mí este punto es vital. Debe cambiar urgentemente si no queremos perder efectividad en este siglo. Pondré dos ejemplos. Uno es el de un joven americano al cual le hice la siguiente pregunta: ¿qué piensas de la iglesia? Se la hice tras una conversación acerca de por qué él ya no quería asistir a la iglesia. Él me respondió: «Veo cómo en la iglesia muchos jóvenes dicen que son transformados y los he visto en cultos donde ellos tiemblan y lloran y me cuentan que Dios los toca, y después los he visto bebiendo y saliendo de fiesta, viviendo una vida como cualquier otro. Es un engaño». Otro joven en Estados Unidos de origen latino me explicó que durante años ponerse camiseta de manga corta o un pantalón *short* (corto) era pecado, según le habían enseñado. Afortunadamente, además de ser hoy un periodista cristiano influyente en EE.UU., decidió no creer en esos radicalismo y actualmente alcanza a muchos para Cristo. Pero el primero todavía sigue confundido. Estoy seguro de que algo debe seguir cambiando en la forma de unos y de otros.

Tenemos la gran responsabilidad de alzar nuestros ojos y mirar para, posteriormente, ser activamente analíticos y a la vez comprensivos con nuestro pasado. Siendo honesto, reconozco que la iglesia necesita entender los nuevos caudales de información para trabajar con esta generación. Sabemos que algunos mecanismos que fueron eficaces anteriormente ya no lo son. Cuando hablamos de la función de la iglesia y observamos la gran comisión, encontramos múltiples definiciones; algunas de ellas, como *organismo* e *información*, están muy presentes. Entre muchas otras funciones, la iglesia es un organismo que informa. En el pasado, cualquier organismo que informaba (sea en el ámbito deportivo, político, artístico o cinematográfico) lo podíamos localizar en puntos de información muy concretos por medio de los típicos carteles de papel colocados en escaparates, comercios, periódicos, televisión, quioscos, etc. Hoy día la información de estas organizaciones llega constantemente a nuestras propias manos, mas rápido y con más calidad que nunca. En una conversación con un pastor, hablábamos de las redes sociales y él me decía que se oponía frontalmente a estas tecnologías y que él no las usaba. Me comentaba que en la iglesia insta a los miembros a que eviten abrir cuentas personales en estas redes. Yo le dije pastor: «Puede que usted no esté en las redes sociales, pero su iglesia sí que está, aunque no se lo digan». Esta generación postmoderna vive más que nunca informada y actualizada en los grandes acontecimientos a nivel global, y es por esa importante razón que debemos cuidar nuestros objetivos e iniciativas de alcance evangelístico. Creo que todos aquellos que hemos nacido al evangelio en Cristo y hemos recibido una transformación por el Espíritu Santo de Dios experimentamos en mayor o menor medida algún tipo de estrés cuando sentimos el impulso o la llamada de Dios al cambio. Pero si alguna generación necesita ser valiente en esta cuestión es la presente, ya que el avance de las tecnologías es vertiginoso y cambiante. Claro está que tenemos la mejor y más segura red de información, que proviene del Dios al que hemos conocido, y su sistema nunca podrá ser igualado por un medio tecnológico, pero no deberíamos descuidar nuestra atención en este importantísimo punto. Somos la iglesia, y como miembros del cuerpo de Cristo vivimos siendo transformados por la naturaleza divina que nos acerca día a día a la imagen de Dios. Los grandes retos son el termómetro que nos indica si estamos vivos y siendo transformados o por el contrario se detuvo el proceso y estamos menguando en nuestra capacidad de proyectar de manera sencilla y eficaz al hijo de Dios como Salvador.

UNAS PALABRAS DEL AUTOR

Desde el día en que creí a Jesús, mi corazón fue profundamente sensibilizado por la condición humana de cada uno de los vivientes. De hecho, es lo mismo que sucede a todo el que ha descubierto qué significa la gracia de Dios en su propia vida. Pero entre muchos cambios interiores y exteriores hubo uno que explica el impulso para escribir este libro: se trata del celo por aquellos que un día abandonaron los caminos de Dios. Este celo creció de forma sorprendente después de haber comprendido que, siendo yo uno de ellos, al final resultó cierto que existía un Dios real más allá del concepto que tuve de él durante todos estos años. Un Dios que se da a conocer a través de su poder y no solo desde nuestro limitado intelecto.

En las últimas décadas hemos vivido una masiva salida de jóvenes de las congregaciones y su consecuente alejamiento hacia todo lo que pudiera reflejar cualquier atisbo de religiosidad. En el análisis de nuestro comportamiento como iglesia y su influencia en la marcha de muchos de ellos, debo recordar que la intención de estas palabras es la de buscar siempre una reflexión crítica y productiva tanto desde el punto de vista individual como del colectivo. Y deseo aclarar que en ningún caso el objetivo de estas páginas busca justificar la salida de estos jóvenes para eximirles de su responsabilidad, sino intentar que ambos bandos puedan recapacitar, unos para comprender que ya fueron libertados de la esclavitud de la ley y como hombres y mujeres libres debieran vivir, y otros para que entiendan que su referente jamás puede estar entre hombres y mujeres pecadores sino en Jesucristo.

Entre aquellos jóvenes a quienes algunos llamamos «la generación perdida», nos encontramos algunos que por gracia pudimos conocer al Dios eterno y todopoderoso fuera del ámbito religioso o de la comunidad eclesial. Lo cual no habla tanto de la fortuna que tuvimos sino de la esperanza que tenemos en que muchos otros encarnen como protagonistas la parábola del hijo pródigo. A esta esperanza se le une un sueño: que la iglesia occidental se vuelva a Dios de todo corazón y se arrepienta de forma colectiva para que su candelero no sea apartado de su lugar sino que se convierta en la luz que alumbre esta sociedad para vida.

En ningún caso el asunto expuesto pretende tener un carácter absoluto, ya que el pueblo de Dios siempre ha sido muy heterogéneo y variado tanto entre las personas que lo conforman como en sus múltiples formas de organización, estructuras, denominaciones, etc. Cada una con su modelo, su historia y sus experiencias. Sin embargo, transcribo cuál es mi sentir y percepción como observador y participante directo de este suceso por si en alguna parte de este conglomerado espiritual puede verse identificado o reflejado alguien y le llegue a ser de ayuda en su caminar. Así es, caminemos, más lento o más deprisa, pero no dejemos de caminar y actuar. Me conformaría con que el lector dedicara este tiempo a pensar mientras lee; continuamente se escriben libros para pensar y meditar, pero ahora es necesario que comencemos a leer para actuar.

Añado que, en mi opinión, la iglesia necesita una renovación profunda tanto en lo formal como en lo espiritual, pero antes de hablar sobre este asunto permitidme que comience presentando una de las tantas causas que provoca la falta de fuego en medio del pueblo de Dios.

Capítulo 1

INTRODUCCIÓN

¿Dónde se fueron?

Aún conservo en mi mente la imagen de mi primo, en la escuela dominical, levantando su brazo para enseñarme las nuevas pulseras de cuero que cubrían su muñeca, una moda más que imprimía el nuevo carácter de la juventud de finales de los 80. Era una sonrisa alegre en medio de una reunión para niños después de un culto de domingo. Probablemente esa sonrisa no fuera fruto de aquello que se nos impartía en ese momento, pero era una clara muestra de felicidad que él sí podía compartir con otros tantos niños y niñas que llenaban los primeros bancos de un local al que muchos siguen llamando «iglesia».

También recuerdo que después de haber cantado y gesticulado diferentes cánticos que hablaban de Jesús pasábamos a la hora de clase divididos en diferentes grupos por edades, como si de un instituto se tratara: grupo A, grupo B, etc. No es que la división fuera contraproducente, sino que era totalmente necesaria, imprescindible dada la gran cantidad de jovenzuelos que paseaban por allí.

Eso ocurría un tiempo atrás; ahora, después de varios años, hago cálculos, intento sumar veinte años más a cada una de las caras que conocía y no puedo comprobar mi acierto porque ya no están ahí. La pregunta que me hago sigue siendo la misma: ¿dónde se fueron?

Para tratar un asunto como el de la fuga de los jóvenes de las iglesias existen varios límites que no se pueden traspasar. El primero de ellos es pecar de un exceso de simplificación o reducción a una experiencia propia, porque cada persona, congregación, denominación o grupo ofrece su particular vivencia del asunto y hay multitud de percepciones. Sin embargo, otro error sería intentar hacer un análisis científico-social del problema de forma exacta y teórica para obtener unos resultados estadísticos que, probablemente, encajarían más en nuestra mente racional, pero nos impedirían acariciar la sensibilidad real que hay detrás de este gran problema.

En primer lugar, y más allá de nuestras experiencias y sensaciones, para saber de nuestro presente siempre debemos echar un vistazo al pasado. La situación actual de la iglesia en España no puede separarse o casi explicarse sin tener en cuenta la influencia del marco político-social que la ha envuelto en las últimas décadas.

En la actualidad, algunas de las fachadas de nuestros locales, puertas y cristales se sostienen firmes pero obsoletas pidiendo a gritos ser cambiadas. Antes los locales nunca pasaban de moda porque la represión los cambiaba a pedradas. Para mí, esta imagen ilustra bien algo de lo que ha podido suceder a la iglesia evangélica del país. En un sentido, la persecución, aunque no deseable, permitió que la iglesia se mantuviera dinámica, activa y viva. Esto no es ninguna novedad si hacemos caso de su historia desde la dispersión en Jerusalén en el primer siglo hasta la propagación de las Escrituras en la provincia china de Sichuan en el siglo XX. Luego, ¿el grado de vida eclesial es mérito de la hostilidad contra ella? No, pero la hostilidad y la agresión contra esta, aunque es maligna, también provoca que los hijos de Dios estén más sujetos a su Padre. De tal manera que esa auténtica y sana dependencia espiritual nos llevó a colocar a Cristo como única e imprescindible fuente de esperanza de aquí hasta la eternidad.

Pero el tiempo pasó, y con el final de la dictadura, se comenzó a hablar de derechos y libertades, entre ellas la religiosa y de culto. Por fin pudimos comenzar a poner nuestros múltiples letreros al gusto sin temer represalias: «Capilla Evangélica», «Iglesia Evangélica», «Asamblea Cristiana», «Centro Cristiano de Rehabilitación», etc. Hoy día parece que ha habido otro giro inesperado; de repente todo lo que funcionaba hasta el momento parece no dar resultado. La iglesia tiene que enfrentar en esta época nuevos retos por el cambio social que está experimentando y parece no entender el lenguaje que hoy impera, el posmodernismo. La nueva moral de la sociedad nos pilló a todos por sorpresa con sus nuevas tendencias y esto ha hecho que se viva una gran desorientación. ¿Cómo puede explicarse esto?

Un paseo por la historia

Desde 1939 a 1975-1977 el Estado español sufrió una dictadura. Y el poder dictatorial estuvo directamente relacionado y apoyado por la Iglesia Católica, lo cual derivó al nacional-catolicismo, un matrimonio posible de consecuencias imprevisibles. Los poderes del estado se vincularon a una religión y eso significó que el adoctrinamiento y la enseñanza de la sociedad quedaron dentro de ese marco católico.

Dejando de lado el debate sobre la cristiandad auténtica del catolicismo y el grado de confianza en su base teológica, estaremos de acuerdo en que la moral católica y la forma de entender y distinguir aquello que está *bien* de lo que está *mal* no difiere demasiado de la moral encontrada en la Biblia. Por lo tanto, el conflicto entre protestantes y católicos nunca fue un problema de coincidencia moral sino de fundamentos de la fe y la espiritualidad. Los evangélicos no fueron reprimidos por carecer de una «moral cristiana» sino por su testarudez en creer que las Escrituras, es decir, la voz de un Dios vivo y resucitado, tenía una autoridad en la tierra infinitamente superior a cualquier régimen religioso de control. Nuestros padres comprendieron perfectamente que su lucha era espiritual cuando las piedras rompían los cristales de sus locales.

Sin embargo, a partir de los 60 y 70, junto con el desarrollismo y los diferentes planes cuatrienales para el crecimiento, el régimen tuvo que renunciar a cierto grado de control y acceder a una considerable obertura en muchos ámbitos, incluido el de relaciones internacionales y la promoción del turismo. La atención se enfocó en cómo llamar la atención del turista extranjero en lugar de invertir más esfuerzos en enseñar a los protestantes a ser sumisos.

Pero el colofón del cambio llegaría con el pronunciamiento de la nueva Constitución de 1978, tres años después de la muerte de Franco. Un texto que facilitaba el camino a la aprobación de la Ley Orgánica de Libertad Religiosa (1980), aunque ya se habían dado los primeros pasos en regulación civil religiosa unos años antes (1967)[1].

Aquello que no vimos

A partir de esta nueva configuración del Estado, el pueblo protestante se vio favorecido por dos factores esenciales; sin embargo, uno de ellos pasó inadvertido.

1 MONROY, J. A., *La transición religiosa en España* [Alcalá de Henares, 2007].

El factor percibido fue que la democracia le permitía al fin tener más facilidades para mostrarse libremente ante la sociedad sin tener que pedir perdón por hacerlo. Como decíamos antes, ya era posible tener un local con su letrero y celebrar los cultos de forma más relajada sin ser el punto de mira de las autoridades ya que, en ese momento, la congregación estaría amparada por la ley[2].

Pero hubo otro factor por el cual la iglesia protestante se vio favorecida de forma indirecta. La nueva sociedad, aunque democrática, había gozado de una moral católica heredada, aprendida e inculcada durante décadas. Y la moral católica no deja de ser una moral cristiana. Por lo tanto, a los evangélicos y protestantes, sin darnos cuenta, nos fue mucho más fácil dirigirnos a una sociedad que, aún sin conocer a Dios, sí estuvo impregnada de unos valores similares a los nuestros en el uso de la vida cotidiana. Es importante aclarar que cuando hablamos de «moral» no hablamos de aquello a través de lo cual uno se convierte en cristiano, sino aquello relativo a las acciones o caracteres de las personas desde el punto de vista de bondad o malicia[3]. Según las Escrituras, el individuo se convierte en cristiano a través de la fe en el Hijo de Dios y mediante el poder del Espíritu Santo, en cambio, la religión convierte a alguien en cristiano a partir de su conducta moral.

Ahora bien, ¿qué sucede en nuestro momento actual? Que de repente todo ha cambiado. Ahora resulta que lo único que hay claro es que no hay nada claro; la única verdad absoluta es que no hay verdad absoluta; y los valores que hay, serán muchos, pero ya no se

---

2 Ley Orgánica 7/1980, de 5 de julio, de Libertad Religiosa.

3 Véase primera acepción de: *moral*, Diccionario de la Lengua Española. Real Academia Española de la Lengua.

rigen por lo recto o lo torcido pues todo depende de la subjetividad y del cómo se mire, de cómo se perciba el caso como sujeto.

Pero hay algo muy interesante y grandioso en todo esto. La nueva situación en que nos encontramos es nueva desde nuestra perspectiva y sin embargo hacía siglos que estaba anticipado en las Escrituras del Dios viviente; y, si no, preguntémosle a Isaías, quien después de 2.700 años sepultado aún habla diciendo: «¡Ay de los que llaman al mal bien y al bien mal, que tienen las tinieblas por luz y la luz por tinieblas, que tienen lo amargo por dulce y lo dulce por amargo!»[4]. O si lo queréis, padres, recordad a vuestros jóvenes que no fueron ellos quienes inventaron los cubatas: «¡Ay de los héroes para beber vino y valientes para mezclar bebidas!»[5]. Por lo tanto, ¿qué hemos descubierto en esta época? Absolutamente nada. Nada nuevo bajo el sol.

El pueblo de Dios se ve ahora desorientado en cuestiones de sexualidad, familia, bioética, educación, etc. Porque empieza a manifestarse lo que antes quedaba diluido por una coincidencia moral y de valores. Pero esta situación debía darse en nuestro país tarde o temprano. Todo tenía que cambiar de una forma u otra porque los valores y la moral cristiana no son perpetuos si no hay un Cristo auténtico detrás. Cuando no se conoce a Dios no se puede vivir como si se le conociera. Y esta frase sirve tanto para las iglesias en general como para los jóvenes en particular, los que permanecen y los que se fueron. Dicho esto, ya podemos comenzar a hablar de fugas.

---

4 Isaías 5:20 (LBLA).

5 Isaías 5:22 (LBLA).

Capítulo 2

PENSANDO EN VOZ ALTA

¿Por qué se fueron?

Frente a la salida de la juventud de las iglesias podría haber muchas interpretaciones, pero principalmente sugeriría hacer mención de dos enfoques: uno es el que atribuye la responsabilidad a la iglesia local; el otro es el que la atribuye a los mismos jóvenes que se van. Quien responsabiliza a la iglesia de su marcha dice, entre otras cosas, que la congregación local no sabe conectar con los nuevos jóvenes porque no sabe hablar su mismo lenguaje y no es suficientemente madura para adaptarse a los nuevos tiempos y, por consecuencia, se produce un cisma. Por el contrario, la otra interpretación responsabiliza al joven de no querer saber nada de Dios y de buscar solamente emociones y diversión por lo cual, si decide marcharse, es porque le interesa más aquello que le ofrece «el mundo» que aquello que ofrece Dios.

Ante estas dos interpretaciones, ¿cuál es el error más grande en el que podemos caer? Defender una de ellas a capa y espada. Un error porque seguramente las dos interpretaciones tengan parte de verdad, pero, además, el gran problema es que ambas retroalimentan su contrariedad y separan aún más la conexión entre el joven y el resto de la comunidad local.

Vivencias

Hace un tiempo estuvimos haciendo un trabajo de reflexión sobre este asunto en una iglesia. Se trata de una congregación en la cual los jóvenes han ido saliendo a cuentagotas en los últimos años hasta quedarse prácticamente sin ninguno.

Hicimos unos grupos de trabajo y debate, y una de las preguntas que planteamos a los miembros era la siguiente: «¿Por qué creéis que los jóvenes se van de la iglesia?». A lo que alguien respondió con cierto enojo: «¡Eso se lo deberían preguntar a ellos!». Lo primero a considerar es que una iglesia que responde así a una pregunta de este tipo automáticamente cierra las puertas a la solución del problema. Porque la persona que respondió no dijo: «Eso se lo *deberíamos* (nosotros) preguntar a ellos», sino que rehusó toda responsabilidad diciendo: «Eso se lo *deberían* (otros) preguntar a ellos». Mi pregunta es: ¿Quién se lo debería preguntar entonces?

Si consiguiéramos escucharnos a nosotros mismos un poco más, descubriríamos muchos indicativos acerca de cómo hemos entendido las cuestiones de iglesia, familia y comunidad, y también de cómo vivimos la fe en medio del pueblo de Dios.

El tiempo pasó y pudimos volver a visitar esa iglesia. Era un domingo por la mañana y al llegar nos sentamos al lado del único joven entre 16 y 18 años que quedaba. Recuerdo que la iglesia se levantó a una para cantar un himno. Yo me encontraba pensativo mientras escuchaba cantar a ese chico que tenía a mi lado. En mitad del cántico se me ocurrió preguntarle algo: «Oye, ¿tú crees en Dios?». El joven no pudo evitar mirarme sorprendido y extrañado y me respondió: «Claro». Entonces yo pensé para mis adentros: «Dani, se te ha ido la olla, acabas de meter la pata».

Al terminar la reunión ese chico quiso saber por qué le había hecho esa pregunta en mitad del culto porque, tal y como me dijo, le había dejado «rayado». Yo le respondí: «Bueno... como nos hemos visto en otras ocasiones cantando y diciendo cosas tan fuertes al mismo Dios y no nos conocemos demasiado, he pensado en preguntártelo». Su respuesta fue: «Hombre… yo normalmente voy a la iglesia aunque el domingo pasado no pude venir…». Y yo pensé: ¿Qué tendrá que ver la velocidad con el tocino? Así que respondí: «Tranquilo, si yo tampoco fui el domingo pasado». Y volvió a decirme: «Bueno, en realidad, si te soy sincero, yo sí creo en Dios pero tengo mis dudas». Esa conversación me hizo reflexionar que, en 17 o 18 años que llevaba ese joven en esa iglesia, nadie le había preguntado si entendía lo que cantaba.

Los evangélicos conocemos muy bien la teoría. Por ejemplo, sabemos que uno no es salvo por el simple hecho de asistir regularmente a los cultos, en cambio, nuestras alarmas no se encienden a menos que uno deje de asistir regularmente a nuestras reuniones. Entonces sí, comenzamos a orar por tal persona, se la llama y se pone de manifiesto una preocupación por su vida alegando que se está «apartando» o está «dejando» las cosas de Dios.

Pero voy a seguir explicando qué sucedió con este chico que asistía regularmente a todas las reuniones y campamentos evangélicos. Después de haber confesado sus dudas respecto a su fe, fijamos una fecha para vernos y fuimos a tomar algo. Mientras paseábamos por un parque, el chico se abrió en confianza y comenzó a contarme muchas de sus dudas, preocupaciones internas y dificultades que había vivido en los últimos años, y me brindó toda esa confianza por el simple hecho de haber mostrado algo de interés por su vida y no para escuchar otro sermón como ya lo hacía cada domingo.

Por lo tanto, ¿qué significa interesarse por alguien? No significa esperar que aquel que se marchó hace años un día se atreva a entrar otra vez por la puerta de la iglesia para que le preguntemos dos cosas: la primera, «¿Qué tal estás?», y antes de que haya terminado su respuesta, la segunda, «¿Qué tal tu relación con Dios?».

Analicemos primeramente qué hace una persona cuando llega a la iglesia después de muchos años de haberse ido. ¿Se sienta delante del todo? No. Lo hace al final. Si puede, después de que haya comenzado la reunión. Es decir, quiere pasar desapercibida aunque su inquietud por Dios le haya dado la valentía suficiente para volver. Por cierto, a veces es mayor la valentía que demuestra una persona que decide volver a una iglesia que la misma iglesia en salir a la calle a evangelizar. Por lo tanto no estaría de más preguntarnos cuál de las dos partes demuestra un mayor esfuerzo.

Pero siguiendo con el ejemplo, si nosotros comenzamos a hacer preguntas a esta persona sobre su relación con Dios en medio de un centenar de ojos que lo único que hacen es seguir de cerca al bienvenido para encontrar su oportunidad y hacerle exactamente esa misma pregunta, estamos convirtiendo a la persona en aquello que precisamente no quería ser: el centro de atención de toda una congregación. La situación perfecta para terminar de ahuyentarla y no volverla a ver jamás.

Es más, hay algo mucho más preocupante, porque si aquella persona decide no volver a entrar por esa puerta nunca más, no pecará por ello, en cambio, si la iglesia no sale de sus cuatro paredes para ir a buscarla, ¿acaso no desobedece flagrantemente el mandamiento de

Dios de «id y haced discípulos» y el de «id y predicad el evangelio a toda criatura»[6]?

Entonces, ¿qué debe hacer la iglesia? ¡Ser valiente! ¡Debemos ser valientes! ¿Nos preocupa realmente alguien? Entonces vayamos a por esa persona fuera del ámbito religioso, que vea que realmente somos capaces de levantar nuestro trasero del sofá para pasar un tiempo con ella y tomar un café en uno de los miles de bares que inundan la ciudad. La iglesia debe emprender acción valiente, pues ya lo dijo Jesús: «las puertas del Hades no prevalecerán contra ella»[7]. ¿Vemos quién debe tomar la ofensiva?

---

6 Mateo 28:19; Marcos 16:15.

7 Mateo 16:18.

Capítulo 3

TRANSPARENCIA

Comencemos

Recuerdo que hace unos años hablé con un pastor que trabajaba en una de las denominaciones evangélicas con más nombre en España. En ese tiempo, aparte de su congregación local, él estaba implicado en la organización del encuentro anual de líderes e iglesias de esa familia denominacional y aproveché la ocasión para preguntarle específicamente por qué se había escogido a *los jóvenes* como tema principal de ese encuentro. Me interesaba especialmente porque, aunque no es una novedad que se trate el tema de los jóvenes en el ámbito evangélico, sin embargo, hasta ese momento no era habitual que constituyera el tema principal de las jornadas anuales de toda una denominación. Normalmente era un asunto que siempre quedaba relegado a un subtema, un contenido más de seminarios, charlas, etc., pero nunca cobraba una importancia de tal magnitud. La pregunta que me hice entonces fue: ¿qué hizo que esta vez fuera distinto?

Habitualmente, los temas que los organismos seleccionan para sus grandes encuentros son asuntos comúnmente compartidos por la práctica totalidad de todos sus miembros. La FIFA sigue considerando la implementación tecnológica en los partidos de fútbol para resolver jugadas dudosas, como por ejemplo el uso de un *ojo de halcón*[8] para terminar con los goles fantasma en competiciones intercontinentales. Sin embargo, no creo que ponga a debate qué persona debe seguir liderando la selección española, en primer lugar porque es un tema que no le compete, pero también porque no es un asunto que preocupe de forma común a los miembros de esta organización. Por lo tanto, los asuntos a tratar se eligen en función de una preocupación compartida. Sin embargo, aquel pastor en ningún momento reconoció que hubiera una preocupación específica, sino que consideraba que era un tema como podría haber sido cualquier otro. Por lo que, antes de nada, deberíamos tener clara una cosa: sin reconocimiento no hay confesión, y sin confesión no habrá renovación jamás.

Confesión

No es difícil ver que en nuestras congregaciones se produce una gran paradoja. La iglesia se compone de un grupo de personas con un denominador común: son redimidos. Es decir, son libres de una esclavitud a causa de que otro haya pagado un precio por esa libertad. Libres de la esclavitud de la culpa[9], por lo cual ya no hay de qué avergonzarse. Sin embargo, en la práctica no siempre se traduce de la misma manera. Hacemos reuniones de oración pero tipificamos las oraciones impidiendo que salga la naturalidad y espontaneidad que demanda cualquier tipo de conversación con un interlocutor atento. Nos cuesta exponer aquello que siente nuestro corazón y compartir parte de las dificultades que vivimos con el resto de hermanos. Es verdad que cuando uno comparte determinados asuntos se hace

8 Sistema informático usado en deportes como el tenis para seguir la trayectoria de la pelota y reproducirla en imagen a la hora de decidir jugadas dudosas.

9 Hebreos 2:15.

vulnerable, ya que siempre existe un riesgo de que se haga un mal uso de esa información y pueda resultar en perjuicio de aquel que la confió, pero el que confía no se caracteriza por ir contándolo todo, sino por hacerlo desde la sabiduría y la prudencia. Y sigue siendo de vital importancia recordar un único precepto: «Llevad los unos las cargas de los otros, y cumplid así la ley de Cristo»[10]. La pregunta es: ¿estamos dispuestos a que otros nos ayuden a llevar nuestras propias cargas? Porque, en caso contrario, ¿cómo van a creer que somos familia aquellos que nos visiten?

Hace unos años asistí a unas conferencias evangélicas con personas de diferentes partes de la geografía española. Después de cada ponencia, los asistentes se dividían en grupos para comentar lo escuchado y terminar con un tiempo de oración por diferentes asuntos. En el momento de la oración, el grupo en el que me encontraba sintonizó rápidamente en elevar peticiones a favor de una congregación de la cual había varios miembros en ese lugar. De todos era sabido que esa iglesia estaba pasando por un momento delicado con su particular fuga, y parecía que los frutos producidos durante mucho tiempo se echaban a perder en cuestión de meses por la salida de varios de sus miembros. Lo sorprendente para mí fue que, en medio de la reunión, uno de los responsables de esa congregación se levantó y rogó a los demás hermanos que por favor no siguieran orando por su iglesia ni su situación. Argumentó que le dolía oír sus oraciones y se sentía mal por la situación que se estaba viviendo, así que pidió que no se orara en ese sentido.

Mi pregunta es entonces: ¿en qué sentido debemos orar? ¿Qué problemas vamos a reconocer? ¿Qué asuntos vamos a compartir?

---

10 Gálatas 6:2 (LBLA).

¿Llevaremos los unos las cargas de los otros? ¿Cumpliremos así la ley de Cristo? Porque aunque Jesús nos indicó que cada uno debía llevar su propia cruz, también Dios quiso añadir un mandamiento más que quedó claramente ilustrado en Simón de Cirene[11], quien tuvo que cargar un trecho con la mismísima cruz de Cristo. ¡Y ahora cuántos de nosotros querríamos llevar la cruz de todo un Dios hecho hombre! Entonces, ¿por qué no lo hacemos? Simón jamás hubiera sospechado que esa acción sería registrada para la posteridad en el libro más leído de toda la historia. Pero llegó a comprender de quién era esa cruz. De la misma manera también nosotros, aunque en un principio seamos reacios a llevar las cargas sin gloria de los demás, habrá un día en que conoceremos realmente para quién llevamos esas cargas[12].

Pero en esa anécdota que viví sucedió lo contrario, fue esa persona quien no quería que otros oraran por la situación de su iglesia y llevaran su carga con él. Y este es otro de los muchos casos que se repiten en una sociedad en la que nuestra imagen está por encima de todas las demás cosas y es muy difícil que un Cristo de humildad sea manifestado en nosotros como debiera. Sin embargo, Jesús también tuvo que llamar la atención a Pedro delante de los demás cuando le advirtió: «Si no permites que te lave no tendrás parte conmigo»[13]. Es decir, si no permites que lleve tu carga, tu culpa, tu frustración, tu impotencia y tu angustia, ¿cómo vas a ser libre?

El no ser capaces de darnos cuenta de estas carencias provoca que la iglesia deje de orar según el Espíritu y se aferre a largas listas con peticiones que poco tienen que ver con su necesidad espiritual real.

---

11 Marcos 21:15; Mateo 27:32; Lucas 23:26.

12 Mateo 25:44-45.

13 Juan 13:8.

Haremos bien en recordar, de paso, que la vida espiritual no se mide por los adornos retóricos que colocamos en nuestros discursos ni por la riqueza léxica que contengan nuestras oraciones. Quizá podamos engañar a algunos de los que nos rodean e incluso a nosotros mismos, pero jamás podremos convencer a Dios de que nuestras palabras coinciden con nuestros latidos. Me adhiero a Charles H. Spurgeon cuando dijo: «Estad seguros de que la oración libre y espontánea es la más bíblica, y debe ser la forma más excelente de las súplicas públicas»[14], y la oración libre no es la que se produce en un culto de libre participación, sino en un corazón que no estructura lo que desea decir a Dios. «Es una cosa tan fácil como necia el contrahacerla como acostumbran algunos empleando expresiones que llevan por objeto mostrar un ferviente amor, pero que muy a menudo indican un sentimentalismo enfermizo o mera jerigonza»[15], decía el pastor británico. Y no puedo terminar mis referencias sin repasar las palabras de su contemporáneo norteamericano, Edward McKendree Bounds, quien sentenciaba la cuestión de esta manera: «Ni erudición, ni pureza de expresión, ni profundidad mental, ni las flores de la elocuencia, ni la simpatía personal, pueden sustituir la falta de fuego del Espíritu. La oración asciende mediante este fuego. No hay incienso sin fuego, ni oración sin llama»[16].

Si nosotros no podemos ser espontáneos ni naturales en la sinceridad de aquello que vivimos y nos preocupa, ¿qué llegarán a percibir aquellos que vienen después de nosotros? Si ellos no ven quebranto, debilidad y humildad, ¿cómo creerán que un Dios

---

14 SPURGEON, C. H., *Discursos a mis estudiantes* [El Paso, TX: Casa Bautista de Publicaciones,2008], p. 84.

15 SPURGEON, C. H., *óp. cit.*, p. 90.

16 RAVENHILL, L., *Por qué no llega el avivamiento* [Caribe, 1980], p. 12.

todopoderoso renunció a su condición de gloria para ser crucificado por simples seres humanos?

La pérdida

Cuando un hombre constata que los pelos de su cabeza comienzan a caer, siente una pérdida. A priori puede parecer algo gracioso o absurdo, pero como alguien me dijo una vez: «He visto hombres llorar por caérseles el pelo». Y yo añadiría en tono de humor, pero con plena certeza, que he visto hombres *orar* por caérseles el pelo. ¿Pero realmente puede ocasionar tanta frustración a un hombre ver que pierde su pelo? ¿Y qué es en realidad lo que le angustia? La frustración no viene porque uno constate simplemente que el pelo se le cae, sino porque comprende que ese pelo no va a volver a su sitio jamás, y es ahí donde se consuma el efecto de la pérdida. El ejemplo es real y simbólico a la vez, pero eso es lo que se siente cuando una parte de ti deja de estar en ti para no volver nunca más.

Una de las pérdidas más dolorosas que existe en el ámbito familiar es la de comprobar que alguien que ha sido parte de ti desde su nacimiento deja de serlo. Esta es una de las mayores espinas que debe soportar también la familia de la fe. Un dolor emocional profundo a causa de una amputación no deseada de alguien que renuncia a aquello por lo que tú entregaste tu vida, aquello por lo cual tú organizaste tu familia, tus valores, tus principios, tus sueños, tus deseos y el conjunto de tu existencia. Un proceso largo de combate sentimental angustioso que probablemente tenga su expresión más visible en el lloro. Aun así, aunque nos cueste mirar más allá en momentos de sufrimiento, no significa que esa misma situación, aparentemente incomprensible, no traiga consigo sus oportunidades. Oportunidades de cambio para el que se va, oportunidades de cambio para el que se queda y oportunidades de cambio para el conjunto de la comunidad que lo padece.

Pero la pérdida no se comprende si no se experimenta, por esta razón la reflexión se hace indispensable si queremos entender cuestiones profundas de las cuales a veces solo teorizamos. Por ejemplo, necesitamos experimentar que jamás tendremos el control de todas las situaciones que vivimos y que tampoco podremos poner nuestra seguridad en ninguna de las cosas que existen aquí, ni siquiera en personas, ya sean amigos, padres o hijos, porque cuando una de estas perezca nuestra razón de vivir perecerá también con ella. Por eso es tan sabio depositar nuestra seguridad, esperanza y confianza en las cosas eternas, pues será lo único que no perezca; de ahí el consejo: «Buscad primero el reino de Dios»[17]. Permitidme recalcarlo otra vez: el reino *suyo*. Es decir, no el nuestro, aunque tenga apariencia de espiritualidad, sino simplemente el suyo. Solo así entenderemos que, efectivamente, todas las demás cosas nos son añadidas sin falta. No solamente qué habremos de comer, beber o vestir, sino *todas*.

Este punto me parece importante porque en muchas ocasiones me da la sensación de que, tal vez sin quererlo, negociamos nuestra fidelidad a Dios por aquellas cosas legítimas que deseamos conservar: «Te seguiré siempre, pero prométeme que no le sucederá nada malo a mis hijos». Esta frase, que bien pudiera ser el pensamiento de una madre o de un padre, es tremendamente engañosa para la persona que la dice. Aquel que piensa de esta manera ya está condicionando su fidelidad y amor a Dios al estado e integridad de sus hijos; por lo tanto, esta persona jamás sabrá qué es amar a Dios por encima de todas las cosas, pues por encima de todas ellas siempre estarán sus

17 Mateo 6:33.

hijos. Y en segundo lugar, y he aquí el problema más grave, el día que suceda una desgracia a alguno de ellos significará también el final de la vida para su madre o padre y el comienzo de una mayúscula e indisoluble frustración y decepción con Dios.

Jesucristo entregó su vida voluntariamente[18] por amor. El amor, a diferencia del enamoramiento, es un compromiso que parte de la libertad. Por esta razón, Dios mismo siempre va a esperar de nosotros un amor que surja también desde nuestra voluntad y libertad.

18 Juan 10:18.

Capítulo 4

PADRES

Diferenciando términos

Quizá en las últimas décadas hayamos hecho un énfasis desproporcionado en la necesidad de asistir a los cultos y reuniones. El hecho de que los jóvenes dejen de asistir a la iglesia[19] no quiere decir que carezcan de inquietudes espirituales auténticas, como tampoco el hecho de que se queden en ella significa necesariamente que hayan comprendido el evangelio y vivan en la verdad, pues el evangelio no se comprende por bondad y obediencia a los padres sino por revelación de Dios. La asistencia de una persona a una reunión puede ser evidencia de que ha conocido a Dios, pero del mismo modo puede no serlo, porque aunque durante muchos años hemos usado el versículo estrella[20] para argumentar la necesidad de asistir a cultos, la evidencia de la conversión no reside en un compromiso regular con un grupo local sino en un compromiso único, firme e indisoluble con Dios que ha constituido una nueva criatura[21].

Y, efectivamente, la evidencia de ser una nueva criatura no está en los dones que recibe esa persona sino en los frutos que produce[22]. Por

---

19 Entendido como lugar de reunión o conjunto de comunidad local.

20 Hebreos 10:25: «No dejando de congregarnos, como algunos tienen por costumbre (…)».

21 2ª Corintios 5:17.

22 Mateo 7:20.

tanto, no es hijo de Dios aquel que hace milagros, echa demonios, profetiza[23], y si me lo permitís aunque no se trate de dones, toca la guitarra, lleva los jóvenes, canta en el coro y preside una reunión, sino solamente aquel que es reflejo de Jesús en amor, gozo, paz, paciencia, benignidad, bondad, fidelidad, mansedumbre y dominio propio. Por eso también dice Pablo: «Contra tales cosas no hay ley»[24], pues también somos débiles incluso para hacer del acto de congregarnos una nueva ley. En cambio, esos frutos jamás podrán regirse bajo la ley, pues no son producidos por nosotros sino por Dios.

Debemos revisar los factores de causa-efecto que hay en nosotros a la luz de las Escrituras y no según nuestras conveniencias o pareceres. Por ejemplo, es evidente y a la vez bíblico que una congregación que goza de vida es una comunidad inquieta y en acción constante, como queda manifiesto en el libro de los Hechos de los Apóstoles. Sin embargo, en ocasiones pretendemos emular los frutos de una iglesia llena de vida generando múltiples actividades de carácter religioso-social, ya sea en el barrio, la propia iglesia, en grupos, charlas, cursos, etc., que pueden demandar más allá de nuestras fuerzas. Pero el orden bíblico siempre fue el inverso. Es la vida aquello que nos lleva a la acción y no al revés. Pedro, junto con Juan, los discípulos y muchos más, comenzaron a predicar la resurrección de los muertos a toda criatura en diferentes lenguas, y también compartieron todo lo que tenían y dieron a cada uno según sus necesidades, e hicieron milagros y confrontaron al pueblo judío con la tremenda verdad de que fueron ellos quienes asesinaron al autor de la vida. A causa de eso muchos se arrepintieron y creyeron. Toda esta movida espiritual vino después de que la promesa de Jesús se cumpliera y fueran llenos del Espíritu

23 Mateo 7:22.

24 Gálatas 5:22.

Santo, pero nunca antes. Sin embargo, ¿qué habían hecho hasta ese momento? El texto dice que todos estaban unánimes, entregados de continuo a la oración[25]. Por eso, en el caso cristiano, el orden de los factores sí altera el producto.

Permitidme otro ejemplo haciendo referencia a las Escrituras. Jesús dice en Juan 14: «El que me ama, guarda mis mandamientos», y de repente todos ponemos el énfasis en guardar mandamientos. Pero Jesús dice esto para que podamos reconocer a aquellos que le aman de corazón, y no porque cumpliendo los mandamientos terminemos amándole, pues si lo hacemos de esta manera volveremos a poner el énfasis en la ley y no en Cristo. Se trata de entregar nuestra mente, alma y espíritu en amar a Jesús por encima de todas las cosas, porque eso es lo que transforma, y por eso el mandamiento más importante siempre será «Amarás al Señor tu Dios con todas tus fuerzas, con toda tu alma, con todo tu corazón y con toda tu mente»[26], porque también este fue el primer mandamiento que evidenció nuestras carencias. Comprender esto cada día será lo que nos salve de caer en una profunda religiosidad.

Volviendo a nuestros hijos, durante muchos años hemos querido verles en posiciones de colaboración y responsabilidad dentro de la iglesia local. Habitualmente los padres se complacen de que su hijo o hija vaya a las reuniones de los jóvenes, adquiera compromisos en la escuela dominical, cante en el coro, toque un instrumento o lleve al grupo de adolescentes. ¿Acaso es eso malo? ¡De ninguna manera! Sin embargo, con el paso del tiempo muchos de estos jóvenes han terminado dejándolo todo. Y esto genera algo curioso entre los

25 Hechos 1:14.

26 Mateo 22:34-40.

padres y madres. Cuando nuestros jóvenes se marchan reproducimos un mecanismo muy similar en todos los casos. Les dejamos con una frase teológicamente inmaculada que reza más o menos lo siguiente: «Hijo, recuerda que lo más importante es tu relación con Dios». Y yo me pregunto: ¿decimos esto para consuelo de ellos o para el nuestro? Porque si la relación con Dios es lo más importante, ¿por qué hemos esperado a ese momento para decírselo? ¿Por qué no se lo advertimos cuando estaban implicados en la iglesia diciendo: «Veo bien que cantes en el coro pero recuerda que tu relación con Dios es lo más importante». «Puede que toques muy bien un instrumento, pero recuerda que lo más importante es conocer a Dios». «Haces bien en venir cada domingo a la iglesia pero recuerda que esto no salva, sino la relación que tu tengas cada día con Dios será lo que determine tu vida»?

Puede que tras haber leído esto algún padre o madre se haya dado por aludido, si es que siempre ha enseñado a sus hijos que lo más importante en la vida era conocer a Dios a través de una relación íntima y personal. Hay cosas que no se transmiten a través de palabras, sino de la propia vivencia. En última instancia no será cuestión de si hemos dicho a nuestros hijos que la relación con Dios es lo más importante, sino si ellos la han podido ver en nosotros. ¿Alguna vez nos han interrumpido nuestros hijos o hijas encontrándonos de rodillas en nuestra habitación? O, ante un hecho de suma tristeza o de mucha alegría, ¿hemos detenido la comida o la cena para dirigir oraciones de petición o agradecimiento a Dios? Después de haber tenido un susto al volante en la carretera, ¿hemos detenido el vehículo para dirigirnos a aquel que nos protegió? ¿Se han encontrado nuestros hijos con hechos de este tipo a lo largo de su vida en casa? ¿O se tuvieron que conformar con la oración de antes de comer? Una cosa está clara: en cuestión de fe, aquello que vivimos será lo que también transmitiremos y lo que ellos recibirán.

La cuestión del testimonio

El testimonio que tengamos es muy importante para que otros conozcan a Dios pero, afortunadamente, nunca será condición indispensable para ello, ya que Dios no esperará a que tengamos un buen testimonio si él ha determinado salvar a alguien. Aun así, creo que no somos del todo conscientes de la importancia y responsabilidad que significa ser hijos de Dios respecto a la gente que nos rodea, incluidos nuestros familiares.

He hablado con hijos e hijas que nunca han podido sentirse atraídos por Dios como Padre porque en su propia casa aquel que los domingos era llamado «gran siervo de Dios» por subirse a un púlpito vivía en amargura durante el resto de la semana siendo duro con sus hijos y despreciando a su mujer delante de ellos. En realidad, lo único que significa esa actitud es que es siervo de uno mismo, pues la identidad de tal persona se forma a partir de la opinión que tienen los demás de él, y por eso siempre estará preocupado por cuidar ese falso testimonio llamado «reputación» que le esclavizará en una ley aún más difícil de cumplir: la de satisfacer el deseo del otro. En este proceso, su propia familia, encabezada por su mujer, es decir, su gloria[27] según la Escritura, quedará separada de él mismo y ese será el testimonio que reciban sus hijos. Por lo tanto, padres, no provoquéis a ira a vuestros hijos[28].

27 1ª Corintios 11:7.

28 Efesios 6:4.

Sin embargo, ¿qué hizo Jesús? No se aferró a su condición de Dios para ser visto y alabado por los demás en la tierra, sino que se entregó por todos queriendo agradar únicamente al Padre, para que la gloria que tenía desde antes de la fundación del mundo reposara también en su esposa y ella fuera de testimonio para los futuros hijos e hijas que tendrían que creer. Y ese debe ser siempre nuestro ejemplo a seguir y el testimonio a encarnar.

Sin duda alguna, el Dios que hayamos conocido y vivido ese también daremos a conocer. Si hemos vivido un Dios de paz, amor, gracia, justicia y perdón, así seremos también y así se revelará en nosotros. Pero si hemos conocido un dios de culpa, amargura, carnalidad, envidia, discusiones, conflictos y remordimiento, entonces no habremos conocido a Dios.

En la educación de nuestros hijos hay lo que yo llamo «malas costumbres», y es la utilización del nombre de Dios como herramienta para conseguir nuestros propósitos aunque estos sean plenamente legítimos. Por ejemplo, escuchamos a muchos padres y madres cristianos cómo intentan poner límites a sus hijos añadiendo un poco más de fuerza metiendo a Dios por en medio con frases del estilo: «A Dios no le gusta que hagas esto», «A Dios no le gusta que veas estas cosas», «A Dios no le gusta que vayas con esta gente», etc. Lo primero que hay que decir al respecto es que el hecho de que pueda ser cierto que a Dios no le guste que el hijo haga tal cosa no quiere decir que estemos haciendo un buen uso de su nombre. Porque cuando pronunciamos estas frases no lo hacemos motivados por el deseo de que nuestro hijo o hija conozca el carácter de Dios, sino más bien para que nos obedezcan y dejen de hacer aquello que no queremos que hagan.

Pienso que haríamos bien en saber qué significa realmente «no usarás el nombre de Dios en vano»[29]. No hemos de ser teólogos, pero tampoco ignorantes para violarlo constantemente. Solo hemos de ser críticos con nosotros mismos y conocer qué significa «vano». Basta con leer el significado de la palabra en el diccionario y aplicarla al texto en cuestión para ver que Dios advierte que no debemos usar su nombre de forma vacía, inútil, infructuosa, sin fundamento y sin necesidad. Pues, como dice la palabra, Dios no tendrá por inocente a aquellos que usen su nombre de esta manera.

¿Y cómo sabemos que estamos haciendo un mal uso del nombre de Dios? Porque cuando nuestros hijos nos obedecen, les felicitamos diciendo: «Bien hecho, hijo», «Muy bien», «Me siento orgulloso de ti», pero ¿dónde está Dios ahora? ¿Alguien dice: «Muy bien, hijo, a Dios le gusta que hagas esto así»? Por lo tanto, el Dios que transmitimos y el que aprenden solo aparece en momentos de riña y corrección. Así que responsables somos también de que luego perciban a Dios como un dios policía[30] que siempre aparece para decirnos lo que hacemos mal y nunca nos felicita por nuestras buenas acciones. Sin percatarnos, nos pasamos años distorsionando y adulterando la imagen del Dios único y verdadero ante nuestros primerísimos alumnos, y más tarde querremos que comprendan que en la presencia de Dios hay plenitud de gozo[31]. ¿Y cómo lo harán?

No seamos de esta manera jamás y tampoco en nuestra iglesia local. En muchos lugares oigo reflexiones que presentan una interpretación a la ligera de aquello que le gusta o no le gusta a Dios, según el

29 Éxodo 20:7.

30 McDOWELL, J., *No dejes tu cerebro en la puerta* [Betania, 1992], p. 16.

31 Salmo 16:11.

criterio de cada uno y no el de las Escrituras. No es la primera vez que alguien se levanta en medio de una reunión y dice algo como: «A Dios le gusta más las oraciones que las canciones» o «A Dios no le gustan los silencios largos en la participación libre». ¡Qué es esto! ¿Cómo nos atrevemos a usar el nombre de Dios con apariencia de piedad para que nuestro argumento tenga más fuerza? ¡Qué locura! ¿Quiénes somos nosotros para decir y decidir aquello que le gusta a Dios al margen de lo revelado?

Es de doctrina elemental el saber que el agrado de Dios por nuestras alabanzas no viene por si son acompañadas con música o no, sino por si vienen del corazón, pues Dios no ve como nosotros vemos. Así que es tan triste cantar lo que no vivimos como recitar oraciones aprendidas[32].

Y en cuanto a los silencios, ¿qué diré? Hay personas a quienes parece ofenderles que en el tiempo libre de participación se hagan silencios largos. Según ellos es indicador de que la iglesia no tiene nada que decirle a Dios, e intentan solucionar ese problema proponiendo cánticos y levantándose a orar. En este sentido, prefiero callar, la Escritura habla por sí sola: «Guarda tus pasos cuando vas a la casa de Dios, y acércate a escuchar en vez de ofrecer el sacrificio de los necios, porque éstos no saben que hacen el mal. No te des prisa en hablar, ni se apresure tu corazón a proferir palabra delante de Dios. Porque Dios está en el cielo y tú en la tierra; por tanto sean pocas tus palabras. Porque los sueños vienen de la mucha tarea, y la voz del necio de las muchas palabras»[33].

---

32 Isaías 29:3.

33 Eclesiastés 5:1-3 (LBLA).

Por lo tanto, no usemos el nombre de Dios en vano y menos para cumplir con nuestros propósitos, ya sean legítimos o ilegítimos, religiosos o laicos, porque de eso también van a aprender nuestros hijos y los hijos de nuestros hijos. No olvidemos que si algún día Dios se da a conocer a nuestros descendientes lo hará de esta manera: «Yo soy el Dios de vuestros padres»[34].

No hay método

Como contrapunto a lo que hemos explicado, es necesario remarcar que la fe de alguien nunca va a depender de nosotros mismos en última instancia, aunque sea nuestro hijo y haya vivido con nosotros toda la vida. Como padres es nuestro deber educar, aconsejar, guiar y todo lo necesario para que ellos siempre posean herramientas útiles para escoger el camino recto, pero nunca tendremos un método, nunca habrá un libro o un manual que pueda corregir aquello que solo se pudo hacer con sangre de valor incalculable.

Digo esto porque los padres pueden llegar a soportar muchas cosas en la vida, pero tambalearán cuando un hijo les sea tocado (si este, por ejemplo, decide seguir otro camino). Cuando sucede algo así, la primera pregunta que se hacen unos padres es: «¿Por qué?», y la segunda es: «¿En qué?, ¿en qué hemos fallado?».

La fe nunca ha sido ni será una ciencia matemática exacta. La fe es una ciencia justa y pura, pero no matemática. No hay fórmulas. Y, seguramente, si todo dependiera de una fórmula tampoco Jesús hubiera venido a esta tierra. Nuestro margen de acción siempre será

34 Éxodo 3:15; 4:5; Hechos 7:32.

limitado, porque el andar o no en los caminos de Dios no es solo una cuestión humana, sino espiritual.

Por lo tanto, haremos bien en no desgastarnos buscando una poción mágica, ya que Dios ha determinado que le busquemos a él, porque él es la fuente de vida. Y si algún día nuestros hijos se convierten no será a través de nuestro decálogo, sino a través de su gracia.

Con todo, toda desgracia puede significar, a la vez, una oportunidad para volvernos a Dios individualmente y también como congregación. Pero hay que saber leer y discernir cuáles son las oportunidades de Dios, pues fijémonos qué dijo a través del profeta Amós: «Maté a espada a vuestros jóvenes (...) pero no os habéis vuelto a mí»[35], y esto sucedió después de dejar sin grano sus depósitos, retener la lluvia durante meses y traer plagas a su pueblo. Y sepamos que, si es necesario, Dios volverá a remover cielo y tierra para que su pueblo se vuelva hacia él de todo corazón.

Como iglesia, y también de forma individual, debemos pararnos y revisarnos delante de Dios para volvernos a él de todo corazón y con todas nuestras fuerzas. Pero no lo hagamos a cambio de ningún beneficio en esta tierra, porque él no ha asegurado su recompensa en esta vida, sino en la siguiente.

La verdadera esperanza

Creo que a estas alturas seríamos ignorantes si no reconociéramos que tras nuestro *mundo* evangélico existe también una *cultura* evangélica, con sus formas, sus costumbres y su lenguaje particular

---

35 Amós 4:10.

derivado de la Biblia y refundido con parte de sus expresiones, y que en muchos casos usamos sin haber entendido exactamente lo que esas frases representan en la misma Biblia. En este sentido me gustaría hacer referencia a algunas de ellas siempre en relación con el tema que tenemos entre manos.

En ocasiones sucede que cuando vemos que nuestro hijo, nieto o sobrino decide tomar un camino distinto al de Jesucristo, expresamos frases pseudobíblicas de autoconsuelo similares a las siguientes: «Hay que tener esperanza» o «Hay que esperar en Dios». Frases que, en mi opinión, sirven más como coletilla que para realmente traer paz a nuestro corazón o al de la persona a quien se lo decimos.

Hablamos de «tener esperanza en Dios», una doctrina completamente bíblica y escritural, pero hay un matiz importante a resaltar: la esperanza no consiste en confiar en que Dios *vaya a hacer* lo que yo espero; sino en confiar que Dios *puede hacer* aquello que espero. Además, es interesante echar un vistazo a las referencias bíblicas sobre la esperanza que hay en el Nuevo Testamento. Muchas de ellas van ligadas al sufrimiento que pasaban los cristianos por la persecución a causa del evangelio y su esperanza estaba fundamentada en la consumación de la gloria futura que habían de recibir, pero no en la satisfacción de que los deseos legítimos en esta vida se cumplieran.

En cuanto a lo que ha sucedido en los últimos años con muchísimos jóvenes, deberíamos dar un paso más y entender que no todo es exclusivo de ellos. Puede ser que el percatarnos de esto nos haga tambalear, porque no hay cosa que duela más que el dolor por un hijo; pero esto es una evidencia más de un estado espiritual de la iglesia, y la iglesia necesita una auténtica renovación tanto en lo formal como en lo espiritual.

Capítulo 5

LA IGLESIA (1). FLEXIBILIDAD EN LO FORMAL

Cambio de cosmovisión

Durante años me fascinó escuchar que en otros tiempos la gente se convertía a puñados cada domingo en nuestras iglesias después de que el predicador les invitara a pasar al frente o a identificarse levantando su mano en medio de la congregación. Muchos de los que dieron ese paso en público siguen aún en nuestras iglesias dando testimonio y perseverando desde el día en que manifestaron su fe. Sin embargo, hoy parece que ciertas cosas han cambiado hasta el punto de que, si a un predicador se le ocurriera hacer una invitación a los inconversos para que pasasen al frente, correría el riesgo de esperar un largo periodo de tiempo a que alguno se atreviera a levantarse; y esto, incluso, a razón de su propia inseguridad de ser salvo, que no de una convicción de pecado y arrepentimiento. ¿Por qué sucede esto?

Sería aventurado dar una respuesta a esta pregunta, pero el propósito de este libro no es aportar respuestas, sino formular preguntas, ya que estas reflexiones no van encaminadas a ser un manual a seguir, sino un stop en el camino para pensar y, en consecuencia, actuar.

Y hay algo más que parece haberse roto o dilatado en la actualidad: la correa de transmisión. Antes, el recién convertido, al constituirse en un miembro más de la congregación local, tenía una adaptación rápida y sin reparos, en teoría un encaje perfecto fruto de su conversión a Cristo. El problema es que no todo lo que motivaba ese perfecto engranaje era la transformación de la persona, sino también un contexto cultural, social y formal que coincidían. El recién convertido sabía distinguir que el evangelio de Jesús era mucho más que tradiciones y religión. Sin embargo, la educación y cultura católica heredada desde niño hacía que al pisar una iglesia protestante el contraste inmediato fuera menor. No había santos colgados en la pared ni cristos ni marías, pero al fin y al cabo la orientación de la iglesia era la misma, los bancos seguían siendo de madera, el sermón unidireccional y el lenguaje de los himnos continuaba en castellano antiguo. En la actualidad, las nuevas generaciones no han conocido ese entorno religioso que impregnó a sus padres en su niñez, en cambio la mayoría de nuestras iglesias conservan en un enorme porcentaje el estilo y las formas cúlticas que había hace 30 o 40 años atrás. Esto provoca que el impacto de un recién convertido al entrar en una iglesia sea mucho mayor ahora que hace unas décadas.

Y aprovecho para recordar una vez más que, en esta reflexión, cuando hacemos referencia a la comunidad nos referimos al grupo local de creyentes que se reúnen en un lugar determinado y no a la comunidad o iglesia universal de piedras vivas que conforman el cuerpo espiritual de Cristo y su templo.

Al hilo de lo que tratamos en este quinto capítulo, me gustaría confesar, para vergüenza mía, algo que sucedió en mi aprendizaje como posmoderno y seguidor de Cristo a la vez. Habiendo alcanzado ya mi mayoría de edad, y después de dos años sabáticos malgastando el tiempo, decidí apuntarme a un instituto para prepararme en una determinada profesión. En ese lugar hice muchas amistades y colegas y pude meterme fácilmente en el grupo más gallito de la clase. Entre los demás compañeros había uno, el débil de la clase, de quien muchos hacíamos burla humillándolo continuamente. Tiempo después, cuando conocí al Dios vivo, volví a contactar con esa persona para quedar y pedirle disculpas por cómo le había despreciado y humillado anteriormente. Ese día recuerdo que estábamos en un bar y le pedí perdón por cómo lo había tratado y le confesé que ahora detestaba todo lo que le había hecho, explicándole también cómo Jesús cambió mi vida. El caso es que creó tanto impacto en él que quiso saber más de ese Dios. Así que fuimos viéndonos en otras ocasiones hasta que, después de explicarle el evangelio desde el principio de la creación, decidió levantar su cabeza y mirar al cielo para abrir su corazón a Dios.

Yo llegué a casa muy contento y emocionado, era una de mis primeras experiencias como discípulo de Jesús, aunque más tarde comprendería que aún me quedaba mucho por aprender. Unas semanas después le invité a venir a una reunión evangélica de jóvenes de diferentes iglesias. El transcurso de la celebración fue muy bueno y lleno de gozo para la mayor parte de los asistentes, sin embargo, al terminar, y sin hacer ninguna valoración de lo visto, mi amigo me dijo que debía irse pronto y que ya hablaríamos. Yo no le di mayor importancia, pero surgió dentro de mí una incomodidad que me advertía de que, tal vez, la cosa no había ido como esperaba. Y así fue. Volvimos a vernos y le pregunté cómo se había encontrado y qué le había parecido la reunión. Me confesó que se había sentido un poco descolocado, desorientado e incómodo, como fuera de lugar, lo cual me entristeció.

Pero pude aprender varias cosas. La primera tenía que ver con la conversión. La conversión es transformación. La persona viene a ser una nueva criatura en Dios y entra directamente a formar parte del cuerpo de Cristo y de su templo como una piedra viva. Pero el hecho de que entre a formar parte del cuerpo espiritual no significa que entre a formar parte directamente de nuestro sistema religioso, pues el sistema viene condicionado o funciona a través de una serie de formas, parámetros y costumbres heredadas de un ámbito cultural, un contexto social y una esfera religiosa determinada.

La segunda cosa que aprendí tiene que ver con el discipulado. Antaño aquel que se convertía automáticamente entraba en la congregación local sin muchas trabas en su adaptación. Por eso también pensé que después de convertirse simplemente sería suficiente con indicarle el lugar al que debía ir los domingos por la mañana mientras yo ya podía ir a predicarle a otro. Pero la experiencia me enseñó que eso no funciona así, ni ahora ni en el primer siglo. Dios nunca nos llamó a hacer convertidos, sino a hacer discípulos[36]. Sé que para muchos sería más fácil que fueran entrando a la iglesia local por su propio pie, pero tampoco el objetivo del discipulado es adaptar al recién convertido a una congregación local, sino llegar a la unidad de la fe y del conocimiento pleno del Hijo de Dios, a la condición de madurez, a la medida de la estatura de la plenitud de Cristo[37]; esta es la finalidad del discipulado. Como también capacitarle para la obra del ministerio y la edificación espiritual de la iglesia[38].

El posmodernismo no es una opción

El propósito de la iglesia del siglo XXI sigue siendo exactamente el mismo que el de la iglesia del siglo I. Aun así, nuestro campo de batalla no es el mismo. Sí es cierto que influyen los mismos factores espirituales, pero es una tierra distinta. La hierba es de otro color,

---

36 Mateo 28:19.

37 Efesios 4:13.

38 Efesios 4:12.

la gravilla de otro tamaño, la humedad diferente, el viento no sopla en la misma dirección y la temperatura ha variado. Lo único que sigue siendo igual es nuestro propósito y el motivo de estar en ese campo. Pero para presentar batalla y luchar es indispensable conocer las distintas variantes climatológicas, el entorno y el relieve de ese nuevo terreno, si no ¿cómo vamos a presentar batalla con opciones? Ya sabemos que Dios gana las batallas, pero incluso él mismo da un tipo de estrategias adecuadas para la victoria[39].

Como decíamos al inicio, el posmodernismo ha irrumpido en nuestra cultura y lo hace impetuosamente como un tsunami entra en un poblado subdesarrollado. Sin que los habitantes tengan tiempo para reaccionar y meditar qué es aquello que les viene encima y cuáles van a ser las consecuencias de la devastación en sus propias casas y familias. Acostumbrados a estirar al máximo la concepción modernista de la vida, basada en el humanismo, el pensamiento racional y la incuestionable autoridad de lo científico, hemos topado con una nueva cosmovisión que nos predica el subjetivismo, el individualismo, la no existencia de lo absoluto a excepción, claro está, del relativismo completo y la insensible y anestésica indiferencia que parece haber calado hondo en la mayor parte de nuestra sociedad.

En una ocasión un buen amigo me explicó cómo fueron las jornadas evangelísticas que organizaron en una población de la provincia de Barcelona. Para aquella ocasión se invitó a un numeroso grupo de norteamericanos que cruzaron el Atlántico para colaborar con la iglesia local del municipio. Este grupo de cristianos llegó con mucha euforia, profetizando que muchos se rendirían a Jesús en ese tiempo y que su aportación iba a dar mucho fruto en aquella

39 2ª Samuel 5:22-25.

población, pues ellos estaban acostumbrados a ver muchísima gente entregarse a Jesús en los Estados Unidos.

Sin embargo, viendo el desmedido entusiasmo de aquel grupo de creyentes, los ancianos y pastores de la iglesia que les recibió les advirtieron que tal vez en este país encontrarían más dificultad de la que esperaban incluso para que la gente les escuchara. Ellos aceptaron el consejo pero no pareció importarles demasiado, porque estaban convencidos de que Dios estaba con ellos y haría grandes cosas a través suyo como sucedía en su país. Y en efecto, Dios estaba con ellos, pero eso no iba a ser condición suficiente para ver lo que ellos esperaban.

Al tercer día de campaña, y no pudiendo aguantar más, esos evangelistas hablaron seriamente con los pastores de esa población preguntándoles sorprendidos qué era lo que sucedía. No podían comprender cómo en Central Park podían convertirse más de mil personas en un día respondiendo a una llamada desde el entarimado y en esta ciudad apenas un transeúnte se fijaba en ellos para mirarles con extrañeza.

Y es que en este país hemos sido maestros en cuanto a la indiferencia se refiere. Antes predicábamos el evangelio y recibíamos una respuesta, buena o mala, de interés o agresividad, sin embargo ahora es tiempo de recibir la peor frase que podamos escuchar: «Me parece bien, yo lo respeto y me alegro de que creer en eso te funcione». Eso acompañado de una palmadita en la espalda.

Son las consecuencias de haber predicado durante tanto tiempo al «dios aspirina», siempre enfocado a partir de nuestra necesidad como seres humanos con razonamientos tipo: «¿Estás mal? El Señor te puede ayudar» o «¿Tienes problemas? Confía en Dios»; pero el dilema viene cuando te responden: «Tengo trabajo, gano dinero, amo a mi pareja y todo me va bien incluso en estos momentos de crisis». Ya nos sacaron del guión. Pero ¿alguien ha enseñado que si no os arrepentís todos pereceréis igualmente? Pocos, muy pocos. Porque esto confronta a la persona y es muy complicado exponer el evangelio de esta manera cuando estamos sumidos en una visión puramente antropocéntrica de nuestra condición ante Dios y la vida. El maestro y escritor D. Burt lo explica de la siguiente manera en su manual de evangelización: «El rechazo del discipulado como parte integrante del Evangelio es una consecuencia de una tendencia latente en mucha de nuestra evangelización de distorsionar el Evangelio de manera que el hombre sea el centro del mismo, no Dios. Si vamos a evangelizar bíblicamente debemos rechazar este enfoque antropocéntrico y practicar una evangelización teocéntrica»[40], y a continuación hace una excelente separación entre las dos formas de evangelizar.

Estamos acostumbrados a presentar el evangelio en clave moderna, con las cuatro leyes fundamentales en un esquema teórico con el objetivo final de animarles a la clásica oración de fe. Pero los postmodernos no están interesados en la teoría del evangelio, porque son esencialmente subjetivos y espiritualistas, y hasta que no vean las consecuencias del poder que predicamos en nosotros, no creerán. Ellos no pasarán primero por el conocimiento teórico, sino por la experiencia vivencial.

Un buen amigo, que trabaja en la evangelización en España desde hace años y es experto en misionología europea del posmodernismo, me dijo lo siguiente: «He visto muchos españoles convertirse a Jesús, y después de llevar a algunos de ellos a la iglesia, decirme: "Nos

40 BURT, D., *¿Y cómo creerán...?* [Terrassa: Andamio, 1987], p. 47.

engañaste"». También me explicó la enorme decepción que se llevó al ver a jóvenes recién convertidos llenos de ganas de evangelizar y con muchos proyectos para emprender, y en su congregación de acogida decirles cosas como: «Ya se os pasará». En cuanto a este ejemplo debo decir que también a mí me lo dijeron en su día; creo que es una de las frases más destructivas y perversas que se le pueden decir a un recién salvado por Jesús.

Este evangelista considera que la iglesia posmoderna ya no es una opción, y atribuye la situación de precariedad espiritual de la iglesia tradicional a una ausencia real de fuego, y a una falta de interés por discipular a sus miembros de una forma integral y personal. Y ciertamente creo que existe una profunda crisis espiritual en muchos líderes de iglesias, que han terminado por mantenerse al frente de las congregaciones como simples gestores en lugar de fogosos pastores.

El moderno busca ser informado, el posmoderno busca experimentar. El cristiano posmoderno es portador de Jesús, no debe buscar dar respuestas a todas las preguntas de su interlocutor. Otro pastor conocido lo dice de esta manera: «A todo aquel que pasa por la calle le debo un encuentro con Jesús y no respuestas a todas sus preguntas».

De esta manera también la posmodernidad tiene nuevas ventajas, ya que muestra una marcada tendencia hacia la sensibilidad espiritual. Solo hay que darse una vuelta por las diferentes tiendas de complementos del hogar y veremos que en muchas encontramos la típica figura de buda. Existe también un mayor interés por el esoterismo y el yoga, y la meditación trascendental ya no es una novedad, e incluso muchos cristianos lo practican de forma *light* en el gimnasio de al lado de casa. La gente busca vida espiritual y por eso necesitan más que nunca guías espirituales, y es ahí donde entra el cristiano. Pero necesitamos guías santos, llenos del Espíritu y del poder de Dios para conducir a otros a Jesús. Necesitamos discípulos que sigan verdaderamente a Cristo, que sean humildes, que estén dispuestos a limpiar los pies de los demás y a amarles de tal manera para que vean y crean.

El pastor Jaume Llenas lo dice de la siguiente manera: «Aquel que quiere ser un siervo se pone en las manos de Dios para ser usado, completamente consumido como un sacrificio a Cristo. Este es el mayor argumento para tocar los corazones de una generación posmoderna»[41].

Pensando en las formas

No hace mucho tiempo miré en una Biblia antigua que tenía por casa y me encontré con una invitación de boda de hace unos quince años. Mi primera impresión cuando la vi fue pensar: «¡Qué anticuada!». Era la típica cartulina rectangular en distribución díptica, de color carne, con el anuncio del casamiento expuesto en cursiva y con una tipografía sobrecargada de remates en cada letra, todo ello enmarcado por una cenefa más próxima a la época barroca que a finales del siglo XX. Sin embargo, hoy día, ¿cómo son las invitaciones de boda? Seguramente sería imposible definir un estilo, porque el estilo posmoderno carece de modelos. Ahora nos podemos encontrar con invitaciones en soporte papel, cartulina, *kraft*, *liner*, multicapa, vegetal, vitela, ropa, etc. y una gama interminable de colores que recogen sin complejos los fucsia y los translúcidos, entre otros.

41 LLENAS, J. y HUMMEL, C. F., *Liderazgo y posmodernidad* [Terrassa: Andamio, 2005].

Además, la forma de la invitación puede ser cuadrada, rectangular, redonda, en forma de estrella, estirada, *flyer*, con sobre, sin sobre, en *collage*, con fotografías, etc. De mil variaciones y composiciones, pero con el mismo mensaje y propósito que las invitaciones de hace veinte o treinta años. ¿Alguien se acuerda hoy de las invitaciones que recibió? En cambio, todos recordamos con cariño a aquellos que se casaron.

De la misma manera, la iglesia local debe tener muy claro que el cambio de los aspectos formales no tiene por qué condicionar el contenido y el propósito del mensaje. Si lo condiciona, entonces es que no nos referíamos a aspectos formales. Y de la misma manera, tampoco podemos aferrarnos a nuestras costumbres si estas impiden claramente que el mensaje y la invitación lleguen de forma clara a su destinatario.

Cuando hablamos de *forma* no hablamos de algo bueno o malo, correcto o incorrecto, sino de modelos que pueden ser adecuados o inadecuados, útiles o inútiles, producentes o contraproducentes para llevar a cabo nuestras funciones y cumplir con los objetivos que nos han sido encomendados. El evangelio no necesita en sí mismo ningún modelo para llevar a cabo su función, pero las personas sí necesitan modelos determinados para recibir ese mensaje; otra cosa será que los destinatarios lo acepten o no. Y esos modelos deben encajar siempre según el momento, la época, el lugar y la sociedad en que nos encontramos. Por eso la adecuación del modelo irá cambiando según el contexto social y cultural, y la forma de comunicarse y relacionarse entre los individuos.

El posmodernismo, y en concreto el relativismo, trae consigo el antidogmatismo en las nuevas generaciones. El relativismo cuestiona toda convicción de plenitud y de absoluto, por esta razón los jóvenes de hoy tendrán una mayor dificultad para adaptarse a aquellos ámbitos en los que no haya una puerta abierta de forma permanente al cambio. Además, tampoco aceptarán los circuitos en los que solo se permita un canal de transmisión unidireccional; esto es también una condición sine qua non en un ámbito dogmático, pero queda excluida totalmente de la concepción multicanal, multidireccional y multirrelacional que define al posmoderno.

En una ocasión me llamó un excompañero de trabajo a quien había regalado una Biblia y que había mostrado cierto interés por conocer a Dios. Su llamada era de preocupación y me dijo textualmente: «Hoy he estado a punto de perder la fe en Dios». Yo le pregunté cuál era la razón, y me respondió que había visto una madre cuidando de su hija con una gran deficiencia mental y en una silla de ruedas. También me preguntó que si Dios existía cómo podía ser que permitiera eso. Sin embargo, lo que me dejó totalmente perplejo fue lo que me preguntó después: «¿En vuestra parroquia no habláis de estos temas? ¿No hacéis debate?». Me quedé a cuadros, no porque en nuestras iglesias no se predique sobre estos temas, sino porque en nuestras iglesias no haya «debate», es decir, no hay opción de *feedback* entre aquellos que predican y aquellos que escuchan, y esto es totalmente contrario al modelo usado en la iglesia primitiva del siglo I.

En la gran mayoría de nuestras iglesias, los llamados «cultos» constan de un tiempo determinado dividido en tres, cuatro o cinco partes fijas: tiempo de participación libre con oraciones y cánticos, adoración y alabanza, la santa cena, anuncios y la predicación o mensaje. Básicamente en todas las iglesias hay divisiones o estructuras similares de los espacios de tiempo en cualquier reunión ordinaria. ¿Y qué modelo sigue nuestra predicación? El modelo magistral, en un único canal y de forma unidireccional, en un discurso que puede durar entre 25 y 45 minutos. En todo este tiempo se dicen muchas cosas y probablemente la mayoría no seremos capaces de recordar ni dos de todas ellas durante el resto del día. Un mensaje que evaluaremos con frases del tipo: «Ha estado bien», «Me ha gustado», «Se me ha hecho pesado» o «No me ha gustado nada». En todo este periodo habremos sido simples receptores, inhabilitados para expresar cualquier tipo de duda o cuestión que nos pase por la mente, con pocas opciones para el diálogo y mucho menos para llegar al debate, sin *feedback*.

Ahora bien, creo oportuno reproducir alguna de las enseñanzas que he recibido por parte de amigos que admiro yendo a la Escritura. Concretamente, fijando la mirada en el libro de los Hechos de los Apóstoles, capítulo veinte. Pablo, acompañado por Timoteo y Lucas, entre otros, estaba con los creyentes de Troas cuando celebraron su «culto» de partimiento del pan el primer día de la semana, es decir, domingo. En esa ocasión el apóstol prolongó su discurso hasta medianoche. La mayor parte de las traducciones del Nuevo Testamento al castellano usan el verbo *hablar* para referirse a la acción de Pablo en el versículo nueve de ese capítulo[42]. Sin embargo, en el griego, la palabra original **διαλεγομένου,** proviene de **διαλεγομαι** (*dialegomai*), que se traduce literalmente como *conversar*. Por tanto, y simplemente haciendo una invitación a la reflexión, pensemos si conversamos o dialogamos el evangelio en una reunión de domingo por la mañana. De la misma manera pienso que si tan solo abriéramos la posibilidad de hacer un par de preguntas libres al final de una predicación habría más prudencia y preparación espiritual a la hora de subir a hablar desde un púlpito. También es verdad que,

42 Hechos 20:9.

seguramente, tendríamos reacciones variadas cada domingo, motivos frescos de oración, sensación real de aquello que conocemos y aquello que ignoramos, ganas de indagar la Escritura, mucho más temor a la hora de hablar en nombre de Dios y, sobretodo, nos sujetaríamos más al Espíritu, ya que sin duda se producirían reacciones que no podríamos controlar, como cuando evangelizamos.

Capítulo 6

LA IGLESIA (2). LA CUESTIÓN DEL BAUTISMO

Quiero dedicar un capítulo entero a la cuestión del bautismo porque creo que es uno de los elementos que mayor confusión nos ha generado a lo largo de las últimas décadas y, en particular, en el ámbito de la fuga juvenil. Estoy plenamente convencido de que cualquier pastor podría aportar una definición clara y bíblica de lo que significa el bautismo, y así debiera ser, por lo tanto mi intención no es cuestionar en absoluto la falta de conocimiento doctrinal de nuestros líderes ante algo tan importante. Sin embargo, creo que, tal vez inconscientemente, hemos errado en algunos planteamientos a la hora de aplicar este claro mandato del Señor. Por esta razón me gustaría comenzar explicando qué no es el bautismo.

El bautismo no es madurez

Recuerdo que a los 17 años de edad, época en la que dejé de asistir a los cultos, me encontré un día con un grupo de amigos que estaban en la puerta de una iglesia. Por ahí pasó el pastor de jóvenes y me saludó. Después de conversar durante unos minutos me preguntó qué edad tenía, y al responderle yo me replicó: «¿Y no estás bautizado?», y a continuación me espetó: «Pues ya eres un poco mayorcito, ¿no?». Lo cierto es que en esa época me importaba bien poco el tema del bautismo, pero si algo me pudo transmitir ese pastor fue una dosis mayor de culpabilidad por no hacer «aquello que debía». Ahora, sin embargo, agradezco a Dios el no haberme bautizado por ser mayor de edad, sino el haberlo hecho para poner de manifiesto que desde entonces ya no vivo para mí sino para Dios.

Pero mi pregunta es: ¿puede un joven comprender realmente lo que significa el bautismo cuando le transmitimos directa o indirectamente que eso es simplemente una muestra de madurez? Solo hay que escuchar las respuestas de algunos jóvenes cuando les preguntan antes de bajar a las aguas por qué han decidido hacerlo. Éstos son algunos ejemplos que he escuchado: «Llevo toda la vida en la iglesia, creo en Dios y pienso que ha llegado el momento de hacerlo»; «Creo que es un paso importante que hay que dar si verdaderamente crees en Dios»; «Ya hace tiempo que quería hacerlo pero en esta última época me he visto más maduro para dar el paso».

Son respuestas que dicen mucho no solo de lo que esa persona ha comprendido, sino también de lo que esa iglesia le ha enseñado.

En primer lugar, el bautismo no es ni será jamás una muestra de madurez, ni siquiera de madurez espiritual, sino la evidencia de un cambio espiritual. La madurez espiritual se adquiere con el tiempo, a partir de que uno nace de nuevo como hijo de Dios. El bautismo es la expresión visible de que uno ha muerto a la voluntad de seguir sirviéndose a sí mismo y, de la misma manera que Jesús no eludió la copa, también nuestras voluntades y deseos naturales han sido crucificados y eliminados juntamente con Cristo en su muerte[43]. Y así como Jesús fue resucitado por el poder de Dios, también el cristiano vive ahora una nueva vida de servicio único y exclusivo a

43 Romanos 6:3-11.

Dios mediante el Espíritu Santo que le capacita para ello. Aquel que no ha experimentado esto ¿cómo va a ser bautizado?

El bautismo no es un doctorado

Un buen amigo se convirtió después de haber hablado con un compañero de facultad cristiano. Se entregó totalmente a Jesús reconociendo su pecado en una habitación a altas horas de la madrugada. Al cabo de un tiempo, estuvo reuniéndose en una congregación durante meses y posteriormente decidió pedir al pastor el bautismo. Aun así, y habiendo charlado detenidamente, el pastor le expresó que, para bautizarse, hacía falta estar un mínimo de dos años en la iglesia y hacer una especie de discipulado a través de un cuadernillo.

Entiendo que los líderes de una congregación busquen formas para probar que los «aspirantes» a ser bautizados hayan entendido bien el evangelio. Es más, me parece una barbaridad el irnos al otro extremo, ya que en muchas congregaciones el deseo desesperado por celebrar un culto de bautismos les lleva a cometer un crimen contra el crecimiento de la sensibilidad espiritual que tan solo comienzan a tener algunos adolescentes. Pero lo que realmente nos hará comprender que la persona que tenemos delante ha nacido de nuevo no es que responda bien una serie de preguntas sobre quién era Jesús, qué vino a hacer a este mundo, cuál es el problema de la humanidad o qué hay que hacer para ser salvo, sino el ver en él que es una nueva criatura a imagen y semejanza de su Señor. Sé que nos cuesta aceptar todo aquello que no pasa por lo racional, pero el hecho es que estamos hablando de fe y, por lo tanto, pasar un test sobre los fundamentos del evangelio y sus cuatro leyes fundamentales no asegurarán que la persona que tenemos delante haya creído el mensaje.

Entonces, ¿cómo debe hacerse? A través del discernimiento espiritual. ¿Y cómo se discierne? Simple y llanamente estando cerca de Dios, plenamente sensibilizado con su Espíritu. Y esta es la responsabilidad ineludible de todo pastor, líder o guía del pueblo de Dios. No pedimos nada nuevo, simplemente aquello que le corresponde según lo escrito y revelado en la palabra de Dios, justamente aquello de lo cual deberá rendir cuentas muy pronto.

Otro de los errores derivados de tanto examen previo es que, después de pasar las pruebas necesarias y ser bautizado, parece que la persona ya ha terminado su discipulado porque ahora ya puede presidir reuniones, colaborar en funciones orgánicas de la iglesia e incluso espirituales. Pero nuestro Señor Jesucristo, después de ordenarnos que hiciéramos discípulos de todas las naciones y fueran bautizados, dice lo siguiente: «enseñándoles a guardar todo lo que os he mandado»[44]. Es decir, que la enseñanza a los discípulos no termina con el bautismo, sino más bien empieza después de este.

¿Qué es el bautismo?

En el Nuevo Testamento hay diferentes textos que hablan del bautismo. Para ver exactamente en qué consiste creo que es esencial fijarnos en aquel hombre a quien llamaron «bautista» por primera vez: Juan el Bautista. Este es el único personaje bíblico, aparte del Mesías, de quien los profetas y las escrituras antiguas predijeron antes de que viniera[45].

---

44 Mateo 28:20 (LBLA).

45 Malaquías 3:1.

Su labor y función quedan perfectamente reflejadas en los distintos evangelios, pero es el de Marcos el que comienza su carta haciendo referencia directa a la persona de Juan y al mensaje que proclamaba[46]. Y aunque el título de «Bautista» lo recibió por llevar a muchos a las aguas, el bautismo que predicó no fue un bautismo de agua, sino de arrepentimiento[47].

La palabra *bautismo* viene del término griego *bapto,* que en su versión clásica significa teñir. Y de este concepto varió a la palabra *baptizo*, cuyo significado final es sumergir, zambullir o hundir. Por lo tanto, el mensaje de Juan el Bautista o Juan «el Sumergidor» tenía que ver con la necesidad de las personas en sumergirse o zambullirse en arrepentimiento. ¿Y cómo evidenciaban el haberse zambullido en arrepentimiento? Pasando por un bautismo de agua, evidenciando su cambio interior.

Este era el bautismo de Juan. Pero con Cristo fue completado aquello que le faltaba a ese primer bautismo, y por eso el apóstol Pablo, cuando contactó con algunos de los discípulos de Apolos en la ciudad de Éfeso, se cercioró de su situación espiritual preguntándoles si habían recibido el Espíritu Santo cuando creyeron[48]. Y uno de los textos que definen mejor el significado de este nuevo bautismo se encuentra en el evangelio de Juan, cuando nos relata el encuentro entre Jesús y el judío Nicodemo: «Había un hombre de los fariseos, llamado Nicodemo, prominente entre los judíos. Este vino a Jesús de noche y le dijo: Rabí, sabemos que has venido de Dios como maestro, porque nadie puede hacer las señales que tú haces si Dios no está con

46 Marcos 1:1-3.

47 Marcos 1:4.

48 Hechos 19:2-3.

él. Respondió Jesús y le dijo: En verdad, en verdad te digo que el que no nace de nuevo no puede ver el reino de Dios. Nicodemo le dijo: ¿Cómo puede un hombre nacer siendo ya viejo? ¿Acaso puede entrar por segunda vez en el vientre de su madre y nacer? Jesús respondió: En verdad, en verdad te digo que el que no nace de agua y del Espíritu no puede entrar en el reino de Dios»[49].

Evidentemente, la clave del bautismo se encuentra en las palabras de Jesús, pero la escena al completo no tiene desperdicio. No debía ser de dominio público que un fariseo, y más aún de reconocida reputación entre los judíos, acudiera a Jesús para reconocer que sus palabras eran verdad. Por esta razón Juan nos concreta que fue de noche cuando esta eminencia del sector religioso buscó una conversación con el controvertido líder de multitudes. Nicodemo necesitaba reconocer ante su presencia que sus acciones estaban teniendo repercusiones dentro de los mismos grupos religiosos y también a título personal, por lo que le confesó: «Sabemos que has venido de Dios», lo cual coloca a Jesús, cuanto menos, en posición de profeta y, por tanto, como voz autorizada de Dios hacia su pueblo. Sin embargo, ese reconocimiento y confesión parece no ser suficiente para Jesús, quien advierte que no será posible discernir, ver o siquiera entender el reino de Dios si uno no nace de nuevo.

Ante una declaración como esta, tan contundente y a la vez tan fuera de lo común, Nicodemo casi se hace un niño preguntándole cómo podría un hombre nacer siendo ya viejo y cómo iba a volver a entrar en el vientre de su madre después de haber nacido una vez. Ante la reacción del fariseo muchos dejamos ir una leve sonrisa comprendiendo que evidentemente Jesús hablaba de otra cosa, sin

49 Juan 3:1-5 (LBLA).

embargo, ¿comprendemos de qué hablaba cuando dijo «El que no nace de agua y del Espíritu no puede entrar en el reino de Dios»? Porque eso sí debería ser comprendido por toda persona que baja a las aguas.

Nacer de agua. Metáfora referente al bautismo que predicaba Juan. Mediante el cual la persona desciende a las aguas del arrepentimiento hasta impregnarse de ellas, hasta sentir que todas ellas cubren su cuerpo y anegan profundamente su ser desde el alma hasta el último pelo de su cabeza. De la misma manera el agua siempre ha tenido una fuerte carga simbólica de purificación. Por eso también la encontramos en relación al efecto que produce la palabra de Dios[50].

Pero hay algo nuevo que completa ese primer bautismo, y viene con el anuncio de Juan el Bautista a los que eran bautizados en arrepentimiento: «Detrás de mí viene uno que es más poderoso que yo (...); él os bautizará con el Espíritu Santo y con fuego»[51].

Nacer del Espíritu. Este bautismo corre a cargo de Dios mismo en una forma completa. Es el bautismo mediante el cual la persona, después de ser impregnada de arrepentimiento, es también impregnada por el Espíritu de Dios, empapada de una nueva naturaleza que no conocimos jamás y que le capacitará para hacer no ya su propia voluntad, sino la de Dios. Esa nueva naturaleza es Cristo, quien mediante el Espíritu ejerce su poder para que, como él hizo cuando estuvo en la tierra, así también hagamos nosotros. Por eso el apóstol Pablo revela este misterio a través de una simple pregunta: «¿O no sabéis que todos los que hemos sido bautizados en Cristo Jesús, hemos sido bautizados en su muerte?», y añade: «Por

50 Juan 15:3.

51 Mateo 3:11.

tanto, hemos sido sepultados con él por medio del bautismo para muerte, a fin de que como Cristo resucitó de entre los muertos por la gloria del Padre, así también nosotros andemos en novedad de vida»[52].

Por lo tanto, ya fueran los fariseos de entonces como los evangélicos de hoy, debemos entender que no importa las veces que hayamos cantado en nuestras iglesias cosas como: «Señor te exaltamos», «Te doy todo lo que soy», «Me rindo ante tus pies», «Te entrego mi vida», y cualesquiera que sean las frases escritas en nuestros himnarios o cancioneros, pues el Señor nos vuelve a decir en este tiempo: «El que no nace de nuevo no puede ver el reino de Dios», incluso aunque cante cosas referidas a él, pues también Nicodemo dijo: «Sabemos que has venido de Dios», conociendo plenamente el ámbito religioso, pero no fue eso lo que le valió por justicia delante de Dios.

---

52 Romanos 6:3-5.

Capítulo 7

A LOS JÓVENES

La iglesia y la hipocresía

Un domingo cualquiera a la edad de 17 años nos juntábamos el grupo de amigos de la iglesia en uno de los cinco o seis locales que teníamos en cartera para tomar nuestro primer café de la tarde después de comer con las respectivas familias. En esa época era complicado mantenernos sentados en cualquier reunión familiar más allá de los postres, así que desaparecíamos, encendíamos nuestros pitillos e íbamos apareciendo a cuentagotas en nuestra segunda casa: el bar. El plan de la tarde era tan simple como poco ingenioso: se trataba de llenar ceniceros, fumar algún porro, tomar cortados y echar las monedas que nos quedaban del fin de semana (o de todo el mes) en las tragaperras. Sin embargo, lo más curioso del asunto era que, después de haber vaciado nuestros bolsillos y gorronear «barritas de cáncer» al último que apareciera por la puerta, solo existía un tema en nuestras monótonas reuniones: la iglesia. O mejor dicho, lo que entendíamos por iglesia. Tiene guasa, ¿verdad? Nosotros evitando ir al culto e incapaces de encontrar otro asunto de discusión.

Explico esta anécdota para reclamar legitimidad a la hora de dirigirme a los jóvenes y ser crítico también con ellos, ya que en los anteriores capítulos tratamos su fuga desde la responsabilidad de la iglesia, pero no sería justo despedir el asunto sin resaltar algunas actitudes del joven rebelde y de su ineludible y (en ocasiones) ignorada responsabilidad.

Si pudiéramos hacer una entrevista a cada uno de los que salieron de sus iglesias en los últimos 20 años, veríamos que sus razones serían variadas; sin embargo, un altísimo porcentaje atribuiría su salida a la hipocresía de la iglesia. Esta respuesta, aunque tiene su explicación, carece de justificación, pues es demasiado simplona para ser creída y demasiado contundente para ser ignorada. Además, creo que siendo coherentes con este argumento, la mejor opción para alejarnos de la hipocresía no sería salir de la iglesia, sino establecernos en otro planeta.

Aunque lamentablemente es un hecho contrastado, no creo que en la iglesia haya más hipocresía que la que se da en la sociedad; más bien lo contrario. Nos bastaría prestar atención a un telediario para entender quién domina en hipocresía, pues tan solo en un espacio de treinta minutos se puede descubrir que en mayo de 2003 la ONU proclamó al coronel Muamar el Gadafi como presidente de la Comisión de Derechos Humanos por 33 votos a favor y solo 3 en contra. ¿Irónico? Pues no olvidemos que dicha comisión también tiene espacio hoy día para países con regímenes totalmente autoritarios y dictatoriales tales como Arabia Saudí y China. Y cuando llegamos a la información nacional, ¿no hay otras dobles varas de medir? Por poner un ejemplo, de repente parece que nuestros gobernantes se han sensibilizado con las consecuencias del tabaquismo y se preocupan por nuestra salud, o al menos así lo venden en sus campañas de concienciación. Pero, ¿qué les ha motivado a cambiar su política después de más de un siglo presumiendo de las cajetillas más baratas de toda Europa? Sin duda no fue por mayor implicación con el individuo, sino estimar que un 15 % por ciento (unos 15.000 millones de euros) del presupuesto sanitario se esfumaba simplemente en esfuerzos por paliar los efectos de esta droga[53]. ¿Acaso no es esto hipocresía? ¿No es hipocresía desdeñar la cantidad de familias que se destruyen por causa de las máquinas tragaperras? Pero en cambio hay una de ellas en cada bar de la esquina. ¿No es hipocresía publicitar con los anuncios de contactos la esclavitud sexual a la que son sometidas mujeres que han venido engañadas? Y podríamos estar llenando páginas con ejemplos en todo nuestro sistema social y político, y también familiar, porque allí donde estén el hombre y la mujer habrá también hipocresía. La única diferencia es que si con el hombre y la mujer se encuentra además Jesús, habrá perdón para ellos. Y no hay nadie como Jesús que tenazmente denunciara la hipocresía y criticara toda clase de componenda.

Sin embargo, hay algo manifiesto dentro de esa denuncia de hipocresía por parte de algunos de los que se fueron: y es que la iglesia de Dios siempre va a recibir una mayor crítica por sus errores que la que recibirá un mundo que de vez en cuando acierta en reconocer su hipocresía. Porque la autoridad y la exigencia moral que se demanda a la iglesia nunca será equivalente a la que se le pide a un Estado, un Gobierno, un Ejército o a cualquier otra institución. Es por esta razón que, como dice la Escritura, el nombre de Dios será blasfemado por causa de todo aquel que cometa maldad y a la vez quiera mantener su posición de autoridad moral o religiosa[54]. Cabe recordar que la autoridad no se pide, se recibe. Y a mi entender la iglesia ha confundido muchas veces el ejercer autoridad con el autoritarismo.

53 Comité Nacional para la Prevención del Tabaquismo (CNPT). Informe 2010.

54 Romanos 2:24.

Indicadores de religiosidad

Recuerdo que después de conocer a Jesús personalmente y ver que, en efecto, existía y existe, me encontré con un amigo que había dejado de ir a la iglesia muchos años atrás. Él no sabía de mi nueva fe y de cómo Dios había cambiado mi vida recientemente, así que al saludarnos me preguntó cómo estaba, y le comenté: «Pues la verdad es que me encuentro muy cansado porque no he dormido en toda la noche…», y simpáticamente me dijo: «¿Qué de fiesta hasta las mil, no?», a lo que respondí: «¡Qué va! Vengo de una vigilia de oración con unos colegas y hemos estado hasta las 6 de la mañana hablando con Dios». Al decir esto se echó a reír a plena carcajada pensando que me estaba cachondeando de todo, como hacía antes, pero enseguida dedujo por mi expresión que lo que acababa de decir no era ninguna broma.

Seguidamente le conté cómo Jesús había cautivado mi corazón y el de otros jóvenes de la pandilla aunque, para mi sorpresa, después de explicarle el suceso más grande de mi vida lo que él quiso saber era mi opinión sobre los cambios recientes que habían tenido lugar en su antigua iglesia y cuál era mi opinión sobre algunas cuestiones polémicas, chismes y diversos asuntos evangélicos de sobremesa. En seguida vi lo absurdo de la situación que se estaba dando; era tan paradójico como ir de visita al Museo del Prado y preguntar si está permitido fotografiar el indicador de los aseos. O si lo preferís, es como si hiciéramos ver a un ciego de nacimiento y nos preguntaran por qué razón lo sanamos en sábado[55].

55 Juan 9.

Aun así, por cortesía le expliqué que no estaba muy enterado de esos asuntos porque lo que realmente me apasionaba ahora era conocer más a Jesús y entender mejor su evangelio, aquello que yo siempre había rechazado. En ese punto terminó la conversación y quedó manifiesta la auténtica espiritualidad de la persona que tenía delante y el acierto de Jesús cuando dijo: «En verdad te digo que hablamos lo que sabemos y damos testimonio de lo que hemos visto»[56]. Razón tenía y sigue teniendo, porque yo me pregunto por qué cuando hablamos de la congregación y la vida eclesial nos sobran palabras y opiniones y si hablamos de Jesús nos faltan. Simplemente se trata de un indicador más de nuestra religiosidad y pobre vida espiritual. Pero el cristiano que es de Cristo siempre hablará de su Señor, pues es su salvador, su rey y su amigo; en cambio, el religioso solo hablará de la iglesia[57], poniendo de manifiesto que quizás aún no haya conocido nada mayor que lo que vieron sus ojos hasta la fecha.

Otro indicador de religiosidad en el joven se encuentra en la falta de sed por conocer de Dios y el desmedido interés en saber qué es bueno y qué es malo, o dicho de otra manera: qué se le permite hacer y qué es lo que no debe hacer como supuesto creyente.

Uno de los errores más garrafales que se ha dado y se continúa dando hoy en nuestras iglesias ha sido el de dar por supuesto que todo el que se encuentra en el lugar de culto ha conocido a Cristo y es un verdadero creyente. Eso ha hecho que se perciban múltiples incoherencias en la vida de muchos y por ello se ha tendido a hacer un intenso énfasis en cómo debe ser un buen creyente y cuál debiera ser su conducta ideal. En este sentido, aquellos que verdaderamente

56 Juan 3:11

57 Entiéndase «iglesia» como sistema religioso y litúrgico.

son creyentes ya se ven descritos en tal conducta, pero los que no lo son creen que ser de esa manera es su meta. Pero el evangelio no consiste en «llegar a ser», sino que primeramente es necesario un «dejar de ser». La aspiración del cristiano es asemejarse más y más a Jesús, pero el llamado del no cristiano es el de arrepentirse de su pecado y orgullo.

Durante muchos años la lucha ha estado en aquello que se es y lo que debería ser, por esta razón hemos reducido todo un glorioso evangelio a un simple binomio entre lo que está bien y lo que está mal, lo limpio y lo sucio, lo blanco y lo negro, el cielo y el infierno, etc. Y como casi nadie quiere ir al infierno, la lucha de muchos jóvenes durante años ha sido y es la de no practicar todo aquello que pudiera condenarlos, eso sí, dejando de lado a aquel que puede salvarnos. De esta manera hemos aprendido a vivir nuestra espiritualidad según nuestros actos e inconscientemente nos hemos convertido en los dueños de nuestra propia salvación y justicia, como también lo fueron en otro tiempo los fariseos. Pues hemos creído que dejando de hacer lo malo somos limpios, y ese ha sido nuestro peor engaño. Insisto, no nos limpia el «dejar de hacer» sino el «dejar de ser».

¿Cómo constatamos todo esto? Escuchando a los mismos jóvenes. En gran parte de los casos sus preguntas van dirigidas a saber cuáles son sus límites: ¿Es pecado fumar porros? ¿Está mal practicar el sexo oral? ¿Y qué de la masturbación? En una ocasión expliqué en una reunión de jóvenes que la Biblia no es un manual del Kamasutra, porque la revelación de Dios no tiene que ver con lo que podemos y no podemos hacer, sino más bien en aquello que él hizo por todos nosotros, así que es necesario que dejemos de una vez de buscar la gloria que jamás tuvimos.

A través de estos planteamientos hemos desvirtuado la gracia o, más bien, muchos no la han llegado a comprender. Durante demasiado tiempo nos hemos interesado en saber qué estaba bien y qué estaba mal para andar en el límite, y si caíamos aducir que la sangre del Señor Jesucristo nos limpia de todo pecado, porque es bíblico. Sin embargo, esta interpretación es falsa, esto no es gracia divina. La gracia de Dios no es un cojín que tenemos bajo el muro por si caemos mientras nos dejamos llevar por nuestras pasiones más primitivas. La gracia de Dios es aquello que te acerca más y más a Cristo, de modo que tu pasión estará cada vez más en la voluntad de Dios y menos en la voluntad de tu carne.

Si nos fijamos estrictamente en las obras de alguien, ¿en qué podría parecerse una persona que sigue un estilo de vida en el que sale todos los fines de semana, se emborracha y se lía con un montón de gente, a otra que va todos los domingos a la iglesia, lleva el «grupo de alabanza» y no se pierde ningún campamento? Aparentemente en nada, pero si hacemos caso al mensaje de las escrituras, ambos parten de una misma condenación por un mismo pecado: no amar a Dios con todo su corazón, con toda su alma, con todas sus fuerzas y con toda su mente. Porque Jesús mismo dijo que toda la ley y los profetas dependen de este mandamiento[58]. Así que si no amamos de corazón a Dios no hace falta que exaltemos ningún otro pecado, porque merecemos estar separados de Dios para toda la eternidad.

¿Verdad que nos indigna que en tiempos medievales las princesas se tuvieran que casar con los reyes por conveniencia y no por amor? Pues no hagamos nosotros lo mismo. No nos casemos por propiedades en el cielo, casémonos por amor. Porque si no hay amor,

58 Mateo 22:34-40.

una cosa podemos tener segura: tampoco habrá boda. Al menos no con Cristo.

Y parte de nuestro problema ha sido pretender entrar en el palacio real sin amar al Rey. Porque sabemos que en un palacio se está seguro, pero la seguridad no viene por el edificio en sí, sino porque dentro hay un Rey que lo gobierna. El cielo nunca será cielo si no está Cristo en él, y no existe ningún paraíso ni cielo sin Dios.

Fuera de la iglesia hay mejores personas que dentro

Este es otro de los dichos del joven evangélico rebelde, un descubrimiento que compartirá a poder ser delante de su primera autoridad, sus padres, y con el objetivo (aunque sea de forma inconsciente) de reclamar la atención sobre sí mismo. Así que, padres y madres, ¿qué diremos ante tal afirmación? Pues que tienen razón.

Pero deben saber que tienen razón porque, como diría el pastor Tim Keller[59], el cristianismo es la única religión en la que el individuo reconoce que su conocimiento de Dios no le hace superior a las demás personas. Es más, hay gente que no cree en Cristo y llega a ser mucho más amable, mucho más simpática, inteligente, etc. Porque en definitiva, el cristianismo es la única religión que no predica lo buenos que debamos ser para ganarnos el cielo ni lo mucho que debamos amar a Dios para evitar el infierno, pues no consiste en aquello que nosotros hagamos o hayamos hecho sino en lo que él hizo por nosotros[60]. Por lo cual, llamarse cristiano o evangélico y no haber entendido esto es como haber vivido más de sesenta años e

59 Escritor y pastor de la iglesia Reedemer Church de Nueva York.

60 Juan 3:16; 1ª Juan 4:10.

ignorar que los reyes magos son los padres. Y de la misma manera que a muchos niños les interesa seguir ignorando este hecho para seguir recibiendo regalos, también a muchos jóvenes les interesa seguir ignorando lo que Dios dice para poder hacer de su creencia un uso manipulador que sujete a otros a su propia voluntad.

En algunos argumentos cercanos a la falacia que emplean muchos jóvenes no nos debe extrañar que se use a menudo la manipulación para obtener la complicidad de sus padres y justificar sus decisiones. Es inevitable que cuestiones como la homosexualidad, la promiscuidad, el adulterio y otras conductas apoyadas y defendidas por nuestra sociedad calen también en nuestras formas de pensar y proceder, sobre todo para aquellos que, si se consideraron en alguna medida creyentes, lo fueron por sus propias fuerzas y no por la acción de Dios en sus vidas. Y comento este caso porque esa fue mi vivencia durante mucho tiempo.

En muchas ocasiones, siendo jóvenes, dijimos a nuestros padres en tono amenazante: «¿Es este el amor tan grande que predicáis y no me apoyáis en esto?». Pero cuidado, no caigamos en el engaño de un argumento de este tipo, porque la persona que lo formula nunca busca una respuesta a su pregunta sino la complicidad sin condiciones de su papá y mamá. Y eso solo tiene un nombre: manipulación. ¿Cómo sabemos que nuestro hijo o hija nos está manipulando? Porque él o ella, en su demanda, no está interesado en conocer ese «amor que predicáis», sino en usarlo para someter a ambos padres a su propia voluntad por medio del chantaje emocional. De esta forma el hijo forzará el apoyo de sus familiares a una decisión que él mismo no ha podido tomar de forma responsable e independiente por no disponer de la suficiente madurez para asumir sus propias decisiones. Y es que, me atrevería a decir, formamos parte de la generación más inmadura, caprichosa e irresponsable que haya pisado esta tierra durante el último milenio.

Nuestros jóvenes podrán ser rebeldes, pero jamás originales; acordémonos de uno que también usó de silogismos acomodados a sus intereses cuando tentó a Jesús en el desierto. ¿Y acaso no conocía él la Biblia mejor que nuestros jóvenes? Por lo tanto, padres y madres, resistid en lo que creáis que conviene a vuestros hijos, pues un servidor también usó de esas artimañas y ahora agradezco la firmeza de unos padres imperfectos.

Además, ¿quién podrá ser ejemplo sino nuestro Señor? El cual, sin haber pecado, quiso someterse a la voluntad de su Padre aún en momentos de extrema soledad[61], exponiendo su deseo con toda petición pero no sobreponiéndolo a la voluntad del que le envió. Por lo tanto, padres y madres, yo también os escribo a vosotros, porque conocéis al que ha sido desde el principio. Y también a vosotros, jóvenes, porque el mundo es pasajero, y también sus pasiones, pero el que hace la voluntad de Dios permanece para siempre[62].

Sirva de reflexión este fragmento de un texto literal escrito por una persona joven de fuera de la iglesia:

> Sentí la necesidad de escribir esto, y la verdad es que quizás solo sean meras palabras que queden en mi ordenador, o tal vez algún día salga a la luz y sirva para otras personas...
>
> En tan pocos años he pasado mucho y he aprendido también de la vida. Quizás muchos adolescentes o jóvenes

61 Mateo 26:39.

62 1ª Juan 2:17.

piensen «¡Qué suerte!», pero yo digo: qué triste. Saber mucho de la vida y tan poco de su sentido real.

Lo fuerte de todo esto es que escribo viviendo en el pecado, y muchos lo encontrarán una herejía y tal vez lo sea, pero también es una realidad en nuestra sociedad pecaminosa e incluso en nuestras iglesias.

En momentos como este, en el que vives a tu manera, pensando que eres totalmente libre, es cuando más esclavo te sientes en el fondo.

Muchos de nosotros vivimos alejados de Dios por nuestro estilo de vida, pero somos personas que cada día reflexionamos sobre qué fue de aquella persona que luchaba en nombre de Dios, aquella persona que se emocionaba al oír canciones que hablaban de su poder y majestad. Personas que creíamos en un Dios creador que tenía un propósito con cada uno de sus hijos.

Son mis reflexiones, las de una persona que, estando totalmente fría, racionalmente se sigue preguntando si en algún momento volverá a encontrar el camino, si en algún momento sacrificará algunas de sus cosas por otras más importantes, si en algún momento mostrará un ápice de arrepentimiento, si en algún momento tendrá una verdadera transformación.

Soy una hija pródiga. Porque el significado de «pródigo» es este: «Que desprecia la vida generosamente, o cualquier cosa estimable». Cuando leí este significado mi cara se iluminó y de mi boca surgió una media sonrisa. «La vida», cuántas veces Dios se define así.

El flash. Es la primera fase, así es como la denomino. El flash de las cámaras, aquí es como si te hicieran una foto, es la sensación de después del flash, durante unos instantes es de ceguera, pues así es esta fase. Aquí experimentas una atracción por todo lo que el mundo te ofrece, crees que te has perdido tantas y tantas cosas que por fin vas a ser libre para hacer lo que realmente quieras, y no vivir con una serie de normas y obligaciones que crees sin sentido y pasadas de época. Hace bastante tiempo fui consciente de que en esta fase es imposible hacer pensar a alguien racionalmente, sobre todo a aquellos padres que cuando reciben la noticia de que te apartas intentan desesperadamente hacerte entender que lo que estás haciendo o el camino que estas escogiendo te lleva a la perdición, a una vida sin vida. Pero aquí, en este preciso momento, es imposible escuchar. Si en la Biblia dice el que tenga oídos para oír oiga, pues aquí no tienes oídos.

Satanás también intentó *flashear* a Jesús, como hizo con muchos de nosotros. «Todo esto te daré, todos los reinos del mundo y su gloria», esa fue su oferta. Y esta es su oferta para nosotros: fiestas, diversión, lujuria, desenfreno, pasiones de la carne, etc. Esto es lo que el hijo prodigo escucha y va a por ello, va directo a ello, sin saber que acabará comiendo con los propios cerdos.

Esta fase puede durar meses o tal vez años, pero de la misma manera que el efecto del flash de la cámara pasa, así pasa también nuestra ceguera irrefrenable por las cosas perecederas de este mundo.

La libertad que aprendimos

Nos engañaron. Siento decirlo de esta manera, pero aún hoy veo en mis actitudes las consecuencias de haber creído que la libertad consistía en hacer aquello que yo quisiera y deseara. Tras mucha angustia y frustración uno se da cuenta de que la persona libre no es la que hace lo que le viene en gana o aquello que siente momentáneamente, sino la persona que es capaz de hacer aquello que le conviene.

Creemos que la libertad se encuentra en materializar aquello que fantaseamos en nuestra mente. Y si hay algo claro en esta vida es que nunca llegaremos a satisfacer los deseos de nuestro cuerpo natural. Al final uno termina hastiado y sin poder salir de sus apetitos inmediatos e instantáneos, esclavo de sus propios deseos y de un corazón insaciable que siempre sabe lo que quiere pero nunca aquello que le conviene.

Valores como sacrificio, madurez, paciencia, perseverancia, esfuerzo, valentía o responsabilidad quedan prácticamente excluidos de nuestra agenda, que queda subyugada por impulsos naturales. Y es que estos valores no se adquieren a través de cheques en blanco, sino pagando el precio de ir a contracorriente, no solo de nuestra sociedad, sino de nosotros mismos. Esta nueva generación es como una criatura que ha sido consentida sin límites a sus peticiones, que no puede soportar un «no» por respuesta y cree que el «sí» no es ningún privilegio, sino un derecho. Nuestros padres quisieron darnos todo aquello que ellos no pudieron tener y ese ha resultado ser uno de sus grandes errores, porque no necesitábamos todo lo que ellos no pudieron tener sino solamente aquello que nos convenía. Si ellos pudieron crecer y vivir sin todas esas cosas, ¿por qué nosotros vivimos ahora como si no pudiéramos prescindir de ellas?

Esta forma de entender la vida conlleva múltiples dificultades a lo largo de nuestra carrera, y uno de los ámbitos en los que más vamos a notar sus efectos va a ser el de las relaciones, especialmente las relaciones de pareja. Las parejas difícilmente van a ser duraderas. No solo por la facilidad que hay de romper ante la mínima dificultad o de la visión socialmente aceptada de la separación, sino porque estamos educados a obedecer aquello que uno «siente» y no a aquello a lo que uno se «compromete».

Cuando una persona se une a otra, lo primero que hace, aunque no se dé cuenta hasta pasado un tiempo, es ceder parte de su «yo», y si hacemos caso a lo que la Biblia nos enseña, la finalidad será convertirse en un «nosotros» y en una sola unidad. Por contra, una generación que ha aprendido que lo más importante de su vida es uno mismo, difícilmente reconocerá una parcela de su espacio para otro que no sea él mismo. En este sentido, debemos agradecer a Dios que no sea como nosotros; de hecho, él es la antítesis, pues es el único que verdaderamente no tuvo jamás necesidad de nada ni de nadie y, sin embargo, se entregó por aquellos que nunca fueron nada sin él.

Siguiendo con el ejemplo de la pareja, toda esta concepción del ser humano como centro del universo ha hecho aumentar nuestras exigencias hasta el punto de que es realmente difícil mantener un compromiso de fidelidad hacia otro que no seamos nosotros mismos. En esto también se cumplen las palabras de Pablo cuando dijo: «Cambiaron la gloria del Dios incorruptible por una imagen en forma de hombre corruptible»[63]. Por esta razón diría sin titubear que no ha habido generación más idólatra que la nuestra, y eso no se descubre pensando en los demás, sino en uno mismo.

Todo esto explica claramente la incomprensión de muchas personas ante ciertas declaraciones de Jesús como: «La verdad os hará libres»[64]. Porque el concepto de libertad que tenemos nosotros no es el mismo que el de nuestro creador. Nosotros creemos que seremos libres cuando podamos hacer todo aquello que deseamos, pero Dios sabe que seremos libres cuando dejemos de obedecer todo aquello que deseamos.

Y esta incomprensión es también la que nos lleva a no entender el concepto de *verdad.* Pilato hizo bien en preguntarse por un momento *Quid est veritas?* (¿Qué es la verdad?), pero su gran error fue salir de la presencia de Jesús después de haberse formulado esa pregunta[65], porque nunca llegó a ver que la respuesta la tenía justo delante.

Ser verdaderamente libres

Recuerdo una persona que después de pasarse toda la infancia, adolescencia y juventud en la iglesia, dejó de asistir y ahora dice que ya no quiere saber nada más de la iglesia ni de Dios. Se declara atea con orgullo y dice que es ahora cuando realmente se siente libre porque hace lo que quiere.

Abundando más en esa idea de libertad que poco tiene que ver con aquello a lo que Jesús aludía, es el caso de alguien que se siente

---

63 Romanos 1:23.

64 Juan 8:32.

65 Juan 18:38.

libre y no culpable por hacer aquello que desea. Dice: «Ya no me siento culpable», lo cual no quiere decir que haya dejado de serlo. Jesús mismo tuvo que enseñar a los doctores de la ley que todo aquel que practica el pecado esclavo es del pecado[66], es decir, que aquello que te hace pecador es la infracción de la ley de Dios y no el sentir que lo eres (las cárceles están llenas de «inocentes» según sus propios pareceres).

Es importante saber esto porque el ser humano puede llegar a rechazar la ley hasta el punto de sentir una gran liberación de la culpa, pues el mismo apóstol Pablo llega a decir: «Yo no sabría qué es la codicia si la ley no hubiera dicho: No codiciarás»[67], sin embargo, Jesús nunca predicó acerca de la sensación de libertad, sino de la libertad auténtica que nos hace libres más allá de nuestro sentir. Es más, si preferimos ser ignorantes a la ley de Dios nos volvemos contra la voluntad del creador, pues él fue quien dio a conocer las leyes para que nosotros pudiéramos entender que somos pecadores. Por este motivo todo aquel que prefiere la ignorancia está dificultando aún más su propio camino a un arrepentimiento genuino y, por consecuencia, a obtener la salvación gratuita que Dios ofrece.

Es por ello que en esta tierra uno puede sentirse libre sin necesidad de acudir a Jesús, solo se trata de «sentirse bien con uno mismo», frase tótem de los libros de autoayuda, que, como dice el nombre, significa ayudarse a uno mismo sin necesidad de ningún otro. Ahora entenderemos también por qué Jesús especificó que solo si el Hijo nos libertare seremos «verdaderamente libres»[68].

---

66 Juan 8:34.

67 Romanos 7:7.

68 Juan 8:36.

La negación a uno mismo

En cuanto a la negación de uno mismo a sus pasiones, Jesús dice: «Si alguno quiere venir en pos de mí, niéguese a sí mismo, tome su cruz cada día y sígame»[69]. Tal vez lo primero que deberíamos entender es que estas palabras van dirigidas a sus discípulos. Este detalle es muy importante, porque solo aquellos que han comprendido que Jesús es el hijo de Dios son los llamados a negarse a sí mismos. Por esa razón se dirige solo a aquellos que querían ir en pos de él. Este punto es esencial para distinguir la diferencia entre el religioso y aquel que no lo es. Desgraciadamente, continúa habiendo muchas personas que día a día hacen esfuerzos inhumanos por tratar de negarse a sí mismos y a sus deseos, pero están dándose de cabeza contra un muro una y otra vez, porque su problema principal no se encuentra en que no puedan negarse a sí mismos, sino en que nunca han deseado ir en pos de Jesús, nunca quisieron alcanzar a Cristo con todo su corazón y ahora les queda una larga y dura batalla contra su carne que no van a poder ganar a través de la religiosidad.

La negación a uno mismo y a sus deseos carnales (aquellos que son contra el Espíritu) no consiste tanto en un acto de prohibición para sí mismos como más bien en una entrega total a otro, que en este caso es Dios.

Aquel que prohíbe sistemáticamente sus deseos lo que hace es reprimirlos y concederles aún mayor fuerza, de tal manera que puede que vuelvan a aparecer con más contundencia en otro momento. Sin embargo, Jesús nos habla antes de un deseo mayor, que es el de seguirle, el de conocerle, el de despertar a la vida espiritual ligada a él por toda la eternidad. Siguiendo este camino, ineludiblemente

69 Lucas 9:23.

vamos a caminar contracorriente en este mundo, pero va a ser así porque el gozo se encontrará precisamente en su presencia y no en la de cualquier otra cosa que tengamos aquí abajo.

Nuestras iglesias están llenas de religiosidad. Nuestros jóvenes y mayores se llenan de culpa y remordimiento porque viven día tras día una batalla contra la carne desde la propia carne; es como si patinamos y caemos en un charco y luego queremos lavarnos la ropa con esa misma agua: es un contrasentido. De la misma manera, también lo es intentar luchar contra aquello de lo cual estamos hechos. No podemos ganar la guerra a la carne a menos que no seamos hechos de algo más que de cuerpo natural, y ese es el espiritual.

Capítulo 8

NECESIDAD DE CAMBIO (1)

El primer amor

Desde que tengo mente cristiana, siempre he creído que la iglesia de Laodicea[70], a la cual Jesús se dirige en el libro de Apocalipsis, es la que mejor refleja el estado actual de la iglesia en nuestro país, así como el de la gran mayoría de países en Occidente, especialmente en Europa. Pero también es cierto que ningún predicador que haya hecho esta comparación desde un púlpito ha sido bien recibido por su congregación, pues a nadie le gusta que le comparen con una iglesia espiritualmente tibia y que se cree autosuficiente diciéndose a sí misma: «De nada tengo necesidad».

Dudo que esa particular iglesia de la antigua Asia Menor (actual Turquía) llegara a decir literalmente esa frase, pero sí lo decía con su actitud del día a día. Una actitud que en nuestros días bien pudiera reflejarse en enunciados como «No estamos tan mal», «No hay que ser alarmistas», «Hay que ser positivos y no tan negativos», etc. Aunque no lo creamos, estas son las típicas frases que nos impiden llegar realmente a aquello que necesitamos: un verdadero arrepentimiento.

Sin embargo, para que nadie se sienta ofendido, vamos a imaginar que la iglesia de nuestro país o de nuestra ciudad fuera una iglesia

70 Apocalipsis 3:14.

conocida por todo el mundo por la gran fe que moviera a todos sus miembros a la predicación del evangelio; supongamos que gozara de una reconocida reputación también por su indestructible amor hacia todos los santos. Y que sus características fueran la perseverancia y la persistencia sin desmayar aunque se encontrara con múltiples amenazas de muerte. Una comunidad diligente en lo escritural, y que sometiera a prueba las doctrinas de todo pastor y maestro con un discernimiento asombroso. ¿Alguno sería capaz de tener algo en contra de una iglesia como esta? No. Pero puede que Dios sí, o al menos es lo que vemos cuando tomamos el ejemplo de Éfeso en Apocalipsis[71].

Porque incluso una comunidad capaz de dar su vida por el evangelio puede carecer de aquello que da sentido a todas sus acciones. El apóstol Pablo nos dice de forma clara que aunque llegáramos a entregar nuestra vida en sacrificio, si el motor de esa acción no es el amor, el sacrificio se vuelve un desecho, hojarasca, ceniza llevada por el viento, no sirve para nada y ha perdido su sentido[72]. Y en el caso que explicamos es precisamente un Jesús resucitado y lleno de gloria quien advierte de forma clara a la congregación de Éfeso: «Una cosa tengo contra ti: que has dejado tu primer amor».

¿Qué quiere decir abandonar el primer amor? O, mejor, comencemos explicando qué significa el primer amor. El primer amor es el amor del principio, el enamoramiento. Ese amor inicial trae consigo un tipo de vivencias y sentimientos muy particulares para la persona que los vive. En las relaciones de pareja vemos claramente que el primer amor se evidencia en el estado de humor de la persona,

---

71 Apocalipsis 2:4.

72 1ª Corintios 1:3.

la cual se vuelve mucho más despierta, alegre, bondadosa y llena de cariño. Aquellos que hemos estado enamorados podríamos decir que hasta las noches se nos hacen largas esperando que amanezca otra vez para seguir pensando en él o ella de una forma consciente. Pensamos en lo que estará haciendo en esos momentos, administramos bien cada palabra que escribimos en nuestros mensajes instantáneos y miramos la pantalla del móvil cada dos minutos por si ha llegado una respuesta, aunque sea una llamada perdida. No nos importa lo ocupados que estemos en un momento determinado en el trabajo, el instituto, la universidad o viajando en tren, porque nada es más importante que estar en contacto con la persona que cautivó nuestro corazón. Incluso cuando estamos rodeados de amigos o gente conocida intentamos sacar de alguna manera un tema vinculado a la otra persona para que se hable de ella aunque solo se haga una pequeña referencia de paso. ¿Y qué diremos de nuestros encuentros? Cuando estamos a su lado no nos importa el lugar donde ir porque lo importante es simplemente estar juntos. Después de haber compartido un tiempo, cuando ya es hora de regresar a casa, caminamos repasando cada diálogo mientras sonreímos a la vista de todos, y no nos importa que la gente nos mire porque solo tenemos ojos para una persona.

¿Y cómo es la iglesia que vive el primer amor? Es una iglesia nueva espiritualmente, una comunidad que ha revivido el misterio del evangelio y aquello que Jesús ha hecho por cada uno de sus miembros. Es una iglesia en la cual Cristo aparece constantemente en sus conversaciones más allá de sus reuniones y actos de culto. Las personas prefieren hablar de Dios en vez de hablar de «las cosas de Dios». No se cuestionan cómo debiera ser la iglesia porque saben que ellos son iglesia y lo saben por las consecuencias que eso tiene en su entorno y en su misma vida espiritual. En las relaciones de los que forman una iglesia viva es muy difícil escuchar frases del tipo: «Esta mañana me ha girado la cara y ni siquiera me ha saludado, ya no le pienso decir nada más», porque la gente que conoce verdaderamente a Cristo dará hasta su propia vida si es necesario con tal de no delatar a un hermano. Una iglesia que vive el primer amor no espera al domingo para adorar a Dios, lo adora mediante su conciencia en su actitud en cada momento y allá donde esté, en casa, en la habitación, en el campo, en el coche, en la playa y donde haga falta, ya sea uno solo, dos, tres o veinticinco personas.

Y todo esto es lo que Jesús reclama a una iglesia como Éfeso, una comunidad llena de fe, sufrida y valiente, con la cual aún nos debería dar vergüenza compararnos, pero que incluso ella había perdido la esencia de todas sus acciones. Su fervor parecía desvanecido aunque continuaran con su obra después de haber sabido bien en quién habían creído. Una iglesia que rebosaba de grandes acciones, pero que había descuidado los rincones.

Arrepentimiento

Tras indicar a la iglesia de Éfeso cuál era su principal problema, Jesús les comunica[73] claramente lo que deben hacer para revertir su situación. En primer lugar les dice que deben recordar *de dónde* han caído, precisamente lo contrario de lo que solemos hacer nosotros, que muchas veces solo recordamos *dónde* hemos caído. Pero la preposición *de* no está en boca de Jesús por casualidad. El diablo suele eludir esta preposición para que únicamente veamos en qué hemos caído, entrando así en círculos de culpa que hacen que exaltemos aún más nuestro pecado por encima de la gracia de Dios que nos fue dada. De esta manera nuestra dirección jamás irá

73 Apocalipsis 2:5.

hacia un verdadero arrepentimiento, sino hacia un remordimiento con vías a la condenación. Porque el remordimiento es para muerte, tal y como lo fue para Judas, quien no pudiendo soportar el peso de su culpa terminó ahorcándose[74]; pero el arrepentimiento es para vida, tal y como se demostró en Pedro, quien después de traicionar a Jesús hasta tres veces de forma consciente[75], obtuvo la gracia de llorar amargamente y arrepentirse de aquello que acababa de hacer. No fue solo consecuencia de haber visto *dónde* había caído, sino *de dónde* había caído. Por eso también Dios, después de pedir a la iglesia de Éfeso que recuerde de dónde ha caído, la llama al arrepentimiento.

Considero que esta parte no es solo importante sino más bien imprescindible para un cambio real en nuestras iglesias. Además, me alegra que Jesús dijera estas palabras, porque cada vez que se presenta en la iglesia local la idea de arrepentirse se oyen voces que dicen: «¿Cómo nos vamos a arrepentir si ya lo hicimos una vez?», y ese es uno de nuestros problemas: no saber distinguir entre el arrepentimiento individual y el arrepentimiento colectivo. El arrepentimiento individual se produce en una vida para salvación de su alma; en cambio, el arrepentimiento colectivo es el que se produce en una comunidad para la restauración espiritual de la misma en el cumplimiento de su llamamiento. Por esa razón Jesús dice a la iglesia de Éfeso «arrepiéntete», no porque vaya a mandar a la iglesia al infierno si no lo hace, pues entonces ¿cómo le llama *iglesia*?, sino porque la consecuencia de no arrepentirse iba a ser que su candelero sería quitado del lugar que le correspondía[76]. Hasta este momento todo el mundo sabe que un candelero o candelabro tiene como

74 Mateo 27:5.

75 Mateo 26:69-75.

76 Apocalipsis 2:5.

función principal alumbrar, pero para que ese instrumento sea útil necesita estar en el lugar apropiado. Y este punto es sumamente importante, porque el texto no dice que Jesús quitará el candelero de su lugar para ponerlo en algún otro, sino que la expresión *su lugar* nos indica que solo hay un lugar donde el candelero o la iglesia[77] deba estar para cumplir su función. Y ese lugar es la presencia de Dios. Por eso Jesús se presenta como aquel «que anda entre los siete candeleros de oro»[78], es decir, es aquel que anda también por cada una de nuestras iglesias y ve realmente lo que hay en cada una de ellas.

Tal vez debamos recordar algo que el mismo Jesús nos declaró estando en esta tierra: «Vosotros sois la luz del mundo»[79]. Sin embargo, ¿de dónde procede esa luz? ¿Acaso somos nosotros quienes la producimos de forma natural? No. Y esto también lo sabía el Maestro. La iglesia no puede estar lejos de aquel que la ilumina porque si se aleja de él tampoco ella podrá alumbrar a otros y, por consecuencia, dejará de cumplir su propósito real, independientemente de las acciones, actividades, eventos, organizaciones y negocios que emprenda. ¿Perderemos entonces nuestra salvación? No, pero seremos inútiles para Dios.

Una vez nos hayamos presentado delante de nuestro Dios arrepentidos de la degradación que ha sufrido nuestra relación con él, estaremos preparados para dar el siguiente paso: hacer las obras del principio[80]. Y ese es el imperativo que Dios mismo nos da. El de volver a las obras del principio, es decir, volver a las obras que hacíamos

---

77 Apocalipsis 1:20.

78 Apocalipsis 2:1.

79 Mateo 5:14.

80 Apocalipsis 2:5.

cuando teníamos ese primer amor. No nos dice que volvamos a sentir lo mismo, sino que hagamos aquello que llevábamos a cabo cuando sentíamos eso. Porque no toda la vida vamos a vivir en un permanente enamoramiento, pues el enamoramiento es pasajero, pero el amor permanece y es poderoso para llevarnos a esas obras.

Por si alguno no sabe cuáles son esas obras, piense en su conversión a Dios. Porque inevitablemente el nuevo nacimiento trae consigo una nueva criatura y, por lo tanto, unas nuevas obras. Acordémonos de que la misma conversión a Dios procede de un acto de intimidad que implica desnudar el alma delante de su creador, mostrándole todas nuestras vergüenzas en confianza, examinando nuestro corazón y confesando al que todo lo sabe cuáles son aquellos deseos que se mueven en nuestras entrañas, buenos o malos, lícitos o ilícitos. Sin miedo a ofender al que todo lo sabe y al que nunca lograremos sorprender con nuestras intenciones y artimañas.

Él ya nos conoce, pero espera nuestra confesión. Espera nuestra confianza, nuestra sinceridad y nuestro tiempo para poder recuperar otra vez la relación que nunca se debió romper entre Padre e hijos. Pues hemos llegado a ser como aquel hijo que trabaja en los negocios de su padre con intensidad pero no dedica un solo día a estar con él porque está demasiado ocupado con las tareas que le concedió. ¿No hemos considerado que nuestro Padre es también el jefe de su empresa? ¿Y que nuestra empresa no es nuestra si no suya?

Capítulo 9

NECESIDAD DE CAMBIO (2)

Hablando el lenguaje de hoy

El lenguaje y la forma sí importan. En muchas de nuestras iglesias escuchamos mensajes en referencia a la poca o mucha importancia que tienen las formas entre nosotros. Este hecho puede darse por dos razones: porque no demos suficiente importancia a aquello que realmente la tiene o porque estamos anclados y fuertemente sujetados a estructuras que nos privan de libertad en muchos sentidos.

Muchos hemos observado que es necesario un cambio formal; sin embargo, cuando compartimos este sentir siempre decimos que las formas no son lo más importante, y de esta manera la iglesia sigue sin preocuparse por llevar a cabo cambios que sí pueden ser relevantes para nuestra salud como comunidad colectiva que debe representar los diferentes segmentos de edad que hay en nuestra sociedad.

En este sentido, y después de haber reclamado ya un cambio espiritual, me gustaría resaltar que el cambio formal también es necesario y lo podemos ver en múltiples áreas de la vida cristiana. Tomemos como ejemplo el marco de la oración. Sabemos que Dios escucha las oraciones de sus hijos siempre que sean sinceras, ¿pero cómo se ora sinceramente? Estaremos de acuerdo en que la sinceridad no dependerá de si oramos de pie, estirados, sentados o de rodillas, ¿verdad? Sin embargo, no oramos de la misma manera en cualquier lugar. Si paseamos por el campo oramos andando; si estamos en el metro, oramos de pie o sentados; si lo hacemos en nuestra habitación puede que nos arrodillemos. Si las formas no tienen importancia, entonces ¿por qué no nos arrodillamos a orar en medio de la calle y levantamos nuestras manos en adoración? Las formas sí importan y tienen su lugar siempre.

Como la variedad de formas y de costumbres en nuestras congregaciones es tan grande, no voy a abundar más en este asunto, pero sí quisiera focalizar el tema en un aspecto: el del lenguaje. Creo que la forma de comunicarnos merece un espacio en esta reflexión, porque el propósito de Dios para su iglesia en esta época es que emita, difunda y transmita el mensaje del evangelio a toda criatura.

A lo largo de las Escrituras vemos cómo el mensaje de Dios se ha comunicado en dos formas básicas. La primera, a través de los profetas, seres humanos a quienes Dios usó para hablar en su nombre. Y la segunda forma en que se ha transmitido el mensaje es encarnándolo, es decir: el mensaje (el Verbo, la Palabra, el *logos*) tomó forma humana en Jesús, el Cristo. Ese mensaje alcanza a todos aquellos que son adoptados como hijos de Dios por medio de la fe en Jesús. Y siendo depositarios de ese mensaje, la obra de difusión a través de la palabra es responsabilidad de cada uno de nosotros, los cristianos.

Y ya que hablamos de palabra, démosle el protagonismo: «Porque yo les he dado las palabras que me diste; y las recibieron, y entendieron que en verdad salí de ti, y creyeron que tú me enviaste»[81]. Se trata de uno de los fragmentos de la oración más tremenda que he escuchado

81 Juan 17:8.

jamás. Jesús está hablando de sus discípulos con el Padre, y ruega no solo por ellos mismos sino también por los que habían de creer, es decir, todos nosotros. Pero significa, además, que también rogaba por aquellos que habrán de creer después de nosotros y por causa de nosotros.

Recibieron

«Las palabras que me diste, les he dado» denota una forma sencilla y clara de explicar cuál debe ser nuestra función respecto a la gente que nos rodea. Pero antes de saber cómo transmitir el mensaje debemos conocer bien cuál es y, si se me permite, quién es ese mensaje. En nuestra época actual existen miles de formas creativas y elocuentes de comunicar, pero en ocasiones sorprende ver que aun dominando la técnica de la comunicación y la retórica solo conozcamos parte del mensaje que queremos transmitir. De ahí la importancia de atender a Jesús cuando dice: «...las palabras que me diste». No algunas, no parte de ellas, sino las que recibimos, ni más ni menos. Esto hace imprescindible conocer qué palabras hemos recibido de Dios, si es que en verdad las recibimos.

Para que alguien crea es preciso que entienda, y para que entienda es fundamental que reciba. En el versículo que hemos tomado anteriormente[82] existen tres verbos que no podemos olvidar: recibieron, entendieron y creyeron. En los tres solo hay una acción en la cual no podemos intervenir, y es la de hacer creer al otro. Ese campo es único y exclusivo de Dios y de la persona receptora del mensaje. Sin embargo, tanto en el *recibieron* como el *entendieron* tenemos parte de responsabilidad, la cual Dios nos confió.

---

82 Juan 17:8.

Considerando la recepción, está claro que para que otros reciban el mensaje debemos transmitirlo sin reservas ni prejuicios ya que, igual que para Dios no hay acepción de personas, tampoco puede haberla para aquellos que obedecen su voluntad. Podríamos argumentarlo aduciendo razones discriminatorias, pero simplemente nos conviene escuchar bien las palabras de Jesús declarando el destinatario: «A toda criatura». Es decir, sin distinción de sexo, edad, raza, nacionalidad, clase social, renta, etc. Recordemos que Dios salvará a algunos pero se entregó por todos.

En este primer punto, y como iglesia requerida por Dios, debemos comenzar a pensar si nuestro mensaje está siendo recibido por las personas que nos rodean. Y no hablamos de recepción en términos de comprensión, sino de estar en condición de poder aceptar o rechazar el mensaje. El evangelio es un mensaje destinado a predicarse no solo entre nuestras cuatro paredes, sino desde las azoteas, superando todo límite físico o espiritual que pueda obstaculizarlo. Debemos hacer llegar el mensaje ya sea de forma colectiva, en pequeños grupos, individualmente, hablado, por escrito, representado, ilustrado, cantado y de cualquier forma ingeniosa con tal de que toda criatura lo pueda recibir.

Entendieron

«Entendieron que en verdad salí de ti», oró Jesús. Esta simple frase nos demuestra que el texto habla de una comprensión a nivel espiritual y no solo teórica, pues lo que entendieron fue que Jesús era el Mesías esperado y que su procedencia hablaba claramente de su naturaleza divina. Eso fue también lo que comprendieron los discípulos en el camino a Emaús después de que el mismo Jesús les abriera el entendimiento para comprender espiritualmente las escrituras. Sin embargo, en este proceso hubo una parte previa a la comprensión: tuvieron que escuchar de forma inteligible el mensaje a través de la palabra escrita.

Dios no necesita que alguien comprenda de forma inequívoca todo lo revelado durante varios milenios para que su corazón sea transformado, pero nosotros sí debemos explicar de forma clara y entendible lo que Dios ha dado a conocer, porque nosotros no somos como él, que tiene capacidad soberana para cambiar a alguien desde su corazón.

Dicho esto, queda claro que nuestra función es dar a conocer el evangelio de forma que la persona que lo escucha haya entendido lo suficiente como para poder aceptarlo o rechazarlo. Lo que nunca es de recibo es que la persona a quien hablamos ni si quiera pueda entendernos por causa de no usar el mismo registro, jerga o forma adecuada para hacer el mensaje plenamente comprensible a sus oídos. Eso quiere decir que por muy majestuoso que pueda sonar el lenguaje de una Biblia de principios del siglo XX, no será el medio más adecuado para dirigirnos a nuestra sociedad. De hecho, Jesús mismo no tenía problema en hablar tanto en arameo como en hebreo. ¿Debemos seguir usando estas lenguas porque el Señor lo hizo? Por supuesto que no. Pues no nos llama a ser puritanos en el lenguaje sino a ser entendibles en la sociedad en la que estamos. La escritura antigua no hace más santo el mensaje, porque el mensaje es santo en esencia, pues su portador no es un hombre imperfecto sino el Dios soberano de todos los tiempos y de la eternidad. Por lo tanto, debemos transmitir el mensaje precioso en el lenguaje de uso de nuestro país, comunidad, pueblo, región y cualquier otra organización territorial o administrativa que posea una lengua propia además del registro que más se adecue al ambiente, sea estándar, coloquial, pijo o barriobajero. El evangelio no está para que suene mejor o peor, sino para que sea entendido.

CONCLUSIÓN

No desmayéis

Recuerdo a mi padre decirme en una ocasión: «¿Has considerado la cantidad de veces que aparece la frase "No temas" o "no temáis" en las Escrituras? Creo que se debería hacer un estudio sobre ello». Al final nunca lo pudo hacer porque Dios se lo llevó antes, pero sí le permitió hacerme este planteamiento para que aprendiera con qué carácter se reveló Dios al ser humano. Jesús habló con todo tipo de personas con frases como «No temas», «No se angustie tu corazón», «No llores», «Ten ánimo», etc., frases que imprimen un grado de gracia indescriptible porque la grandeza de estas palabras no estaba en que fueran amables o correctas, sino en la persona que las estaba pronunciando, aquel que un día juzgará a los vivos y a los muertos y que tiene potestad para mandar nuestras almas al infierno o transformarlas en perlas llenas de gloria que brillen más que el mismo sol.

Tiempo después de conocer a Dios supe que muchos de nuestros padres se habían reunido durante mucho tiempo para orar por nosotros con la esperanza de que fuéramos alcanzados por el poder del evangelio. Así que, padres, no dejéis de clamar por vuestros hijos, pues el mismo Padre creador de todas las cosas dijo a su primogénito: «Pídeme, y te daré las naciones como herencia tuya, y como posesión tuya los confines de la tierra»[83]. Y ciertamente Dios no requirió de nuestra asistencia a cultos ni reuniones ni consejos maternales acerca de lo recto cuando quiso romper nuestro corazón en mil pedazos delante de su presencia. De la misma manera, sabed que más poderosa que nuestras palabras y consejos es la oración; dejad que el Espíritu ore en vosotros.

Estimados jóvenes que os mantenéis lejos de la congregación de Dios: dejad de remugar diciendo que jamás podríais volver a entrar en un local de iglesia porque ni siquiera Dios espera que lo hagáis, sino entrad por la única puerta que conduce a la vida eterna. Esa es una puerta viva que se abre a todo aquel que llama. Si existe un reflejo de inquietud en vuestros corazones, si por una milésima parte de vuestra mente se abre una grieta a la fe, dejad que se expanda invitando al Dios vivo a vuestra habitación. Dejad de pensar en la iglesia y comenzad a buscar a Dios de una vez.

Termino con una poesía que Rafael Núñez escribió tras constatar la conversión de uno de estos jóvenes.

Hijo de creyente,
nací cercado de amor,
sentí el afecto tierno,

83 Salmo 2:8.

gusté cuidado de Dios
por los padres que me dieron.
Crecí seguro en sus brazos,
aprendí por su ejemplo,
la respuesta hallé yo
del futuro que es incierto.
Pero el mundo me encontró,
me invitó a dar un paseo,
y abrazado en sus alas
me llevó a un desierto.
Promesas, placer y dichas
del todo lo encontré perfecto,
y sin darme cuenta alguna,
quedé atrapado en mis hechos.
Ya la risa me ahogaba,
la lujuria fue un infierno,
y en la embriaguez ostentosa
la locura hacia su reo.
Clamé a mi corazón,
sentí solamente eco,
busqué a mi alrededor
y lo que vi fue un muerto.
Pero entonces me acordé
de las promesas del cielo,
que Jesús escucha aquel
que se derrama en su seno.
Ahora vivo la victoria
de la vida, del perdón,
que por tenerme en la gloria
en la cruz por mí murió.

Gracias doy a Jesucristo
por darme unos padres fieles
que me enseñaron el camino
por el cual burlo a la muerte.
Sentado en su trono hermoso
mi Señor Jesús me da
con los seres más queridos
coronas de eternidad.

EPÍLOGO
Fuga a la mexicana

Edmundo Hernández

Conoció de Cristo junto con su familia cuando tenía 12 años, y a los 17 comenzó en el ministerio musical grabando su primera producción. A los 18 años fundó el movimiento Antorchas Juveniles y a los 23 plantó una iglesia en la periferia de la Ciudad de México: Antorchas Comunidad Cristiana. En 1998 participo en el festival musical más importante de México, el Festival de la OTI, ganando junto con su grupo Sin daños a terceros el premio a la canción favorita del público. Actualmente está casado con Karla y tienen dos hijos (Andreu y Jaume), y dedican su matrimonio al servicio del Reino y a la visión de restaurar la imagen de Dios en el hombre, dirigiendo el pastorado juvenil de la Iglesia de Palma de Mallorca, ciudad desde donde han fundado el movimiento juvenil Sentido Contrario que ha venido uniendo a jóvenes de diferentes regiones de España y de otros países.

Cuando tenía veintitrés años fundé esta iglesia. Aquellas primeras reuniones eran asistidas por unas ocho personas, entre las que se encontraban mis padres. Con el paso de las semanas y los meses, muchos de los jóvenes que llegaban se comprometían con el Señor. Conseguimos en pocos años impulsar aquella iglesia naciente hasta una asistencia de 200 personas, con un porcentaje de 60 % jóvenes y 40 % adultos. A esa edad ya tenía unos seis años involucrado de lleno en el ministerio, había servido por muchas partes de México predicando, cantando, levantando grupos de jóvenes de diferentes iglesias y denominaciones. Recuerdo estar siempre rodeado de jóvenes; mi vida eran los chicos: salir con ellos a predicar en los camiones, hacer conciertos en las iglesias, reírnos todo el tiempo de tonterías, viajar juntos, componer, ministrar a otros, orar por larguísimas horas sin cansancio, visitar y llevar comida a los niños de la calle, llevar ayuda solidaria a pueblos muy necesitados, llorar en la presencia de Dios, comer en medio de risas, cenar tacos, enseñarnos mutuamente lo que Dios nos estaba hablando individualmente en nuestros tiempos a solas con él, dormir en la casa donde nos pillara la noche y, en definitiva, estar juntos adorando a Dios intensa y profundamente. De eso se trataba mi vida.

Hoy tengo la oportunidad, después de estar sirviendo en España durante casi siete años, de regresar a predicar junto con mi esposa a esta iglesia que de alguna manera parí. Al entrar, recibo mil abrazos, millones de bendiciones de parte de mis amados hermanos, muchos de los cuales son mis hijos espirituales. Saludo a decenas de hombres maduros y a mujeres a quienes recuerdo con gran cariño por el amor y apoyo que siempre me mostraron, muchas madres solteras, y familias enteras me dan un abrazo cálido. Los niños que he visto nacer me sonríen y me besan cariñosamente, un montón de adolescentes llenos de ánimo afinan los instrumentos musicales y comienzan la reunión.

Ellos llevan la alabanza, pero yo estoy triste. Estoy feliz de ver lo que veo y de sentir lo que siento, pero muy en lo profundo estoy muy triste: ellos no están, esos amigos míos con quienes compartí todo, esos muchachos vibrantes y llenos de carisma con quienes soñábamos conquistar el mundo, no están. ¿Dónde se fueron?

En este tiempo he tenido noticias de algunos de ellos. Hay dos vertientes de casos: la primera (A de *apartados*) tiene que ver con aquellos que hoy en día están en la política, otros en el medio artístico, algunos se relacionaron con una pareja que no tenía nada que ver con la iglesia y eso los llevo a apartarse poco a poco; otros son meros asistentes apáticos y ocasionales en esta o en alguna otra iglesia de la zona. Hay quienes se enfocaron de tal manera en sus estudios y en su profesión que al parecer Dios y la iglesia dejaron de aportarles algo. Otros, simplemente, se fueron haciendo sus vidas lejos de la fe. Pero también está la otra vertiente (B de *buscadores*), los que siguen dentro, todos ellos están implicados fuertemente en el ministerio; han sido pioneros de obras, han comprado terrenos, han edificado iglesias, han conectado con otros ministerios y están viviendo vidas ministeriales, es decir, están en la movida: iglesias, eventos, congresos, campamentos, música, ayuda social, vidas transformadas. Estos jóvenes desarrollan actualmente trabajos pastorales, proféticos, evangelísticos, de enseñanza y apostólicos (esto último en el sentido de ser cobertura y apoyo para algunas iglesias, pastores de pastores).

Tanto los A como los B tienen la misma edad, entre 25 y 40. Ellos, a finales de los años ochentas y a principio de los noventas, fueron testigos del gran mover de alabanza y adoración que surgió en México y que tocó las naciones de todo el mundo. Ellos tuvieron los primeros CD de grabaciones verdaderamente profesionales dedicadas a Dios. Fueron la primera generación en México que abarrotaba los estadios y las salas de conciertos para adorar a Jesús; ellos vieron cambiar la historia del evangelio en su nación, vieron con sus propios ojos aquello a lo que se le llamó *avivamiento de alabanza y adoración*. Muchas iglesias cambiaron los himnarios y los coritos por cantos, muchas otras también le dijeron adiós a los velos sobre las cabezas de las mujeres, e inclusive a los faldones largos que cubrían hasta los tobillos; las iglesias vivieron una acelerada «modernización». Estos chicos crecieron (los que vivieron la infancia en la iglesia) siendo amenazados, literalmente, de que Cristo vendría «esta misma noche» y que nos tenía que encontrar orando, leyendo la Biblia, o en un culto; cada reunión había un nuevo aviso de que la marca de la bestia ya había comenzado en alguna región de Estados Unidos o de Europa; se enfatizó un miedo a Dios y a sus juicios apocalípticos durante largos años, no permitiendo que los chicos cuestionasen nada, sino que solo creyesen, actuasen, y saliesen a predicar a las calles.

Cuando el 11-S sucedió y todos vimos caer las torres gemelas de Nueva York, junto con aquellas imágenes hubo una idea que quedó grabada en la mente de estos jóvenes que en aquel momento tenían alrededor de 20 años de edad: todos los sistemas están siendo derribados, no hay nada fiable en lo cual creer, todo caerá, todo es mentira. Fue en ese momento clave cuando el cambio de siglo realmente aconteció, las reglas del juego cambiaron, el mundo se transformó y esta generación fue evidentemente marcada por aquellos acontecimientos. Al parecer, las miles de preguntas que surgieron en esas mentes inquietas no tuvieron respuestas; sin embargo, la iglesia siguió contestando lo mismo: Cristo ya viene, el anticristo surgirá trayendo una engañosa paz mundial, cuidado con la muy próxima marca del 666 con las nuevas tecnologías de chips injertados, y hay que poner la mirada en lo que a partir de ahora suceda en Medio

Oriente, tercera guerra mundial o la construcción del nuevo templo en Jerusalén.

Para esta generación de jóvenes la iglesia solo cambió de estilo de alabanza y fue modernizada en muchas de sus formas. En muchos de los casos no fue un cambio cosmético en realidad, porque dichas adaptaciones nos llevaron a ver un crecimiento exponencial en las asistencias a los cultos. Muchos artistas, políticos, pensadores y empresarios llegaron a los pies de Cristo debido a que el evangelio que parecía ser una cosa para gente sin recursos y educación se comenzó a ver como algo verdaderamente funcional para la transformación de las vidas. La gente, cansada de la estructura, la rutina, la liturgia y las innumerables incongruencias del clero católico romano, vivieron un éxodo masivo hacia el cristianismo protestante. Esa ola facilitó nuevas respuestas, nuevas opciones de hacer iglesia; el discurso se amplió y se asumió que la manera adecuada de vivir era como si Cristo viniera hoy, pero trabajar y prepararse como si aún tardara cien años más.

Pero las torres gemelas no fueron las únicas derribadas: el propio capitalismo en plena era neoliberalista se tambaleó por su falta de principios éticos, el catolicismo vio salir de sus catedrales y parroquias a millones de personas necesitadas de algo más y decepcionadas de todas las historias de pederastia y de fraudes. El tema no se quedó allí. El propio cristianismo evangélico vio un nuevo boom de telepredicadores que, en muchos de los casos, parecían solo querer el dinero de la gente bajo el paradigma «bendíceme a mí para que seas bendecido», y allí también hubo fraudes y encarcelamientos, así como historias sexuales y fiscales.

Esta ha sido la generación del desánimo, una generación bisagra entre el modernismo y el postmodernismo. Desde que nacieron México está en crisis, sus padres escucharon a un presidente decir que defendería «el peso como un perro» y lo que hizo fue empobrecer más a la nación. Después, con los años, cuando ya tenían consciencia social, vino un gran estratega a dirigir la nación; este nos vendió muy bien la idea de que éramos primer mundo, mil pesos se convirtieron en un nuevo peso, la calidad de vida pareció crecer, muchos abogaban para que la constitución cambiara y aquel fuera el primer presidente reelecto… pero todo era una burbuja especulativa, no había nada en el fondo. Bueno, sí que había: mentiras, saqueos, neoliberalismo puro y duro, lo ricos se hicieron más ricos y los pobres más pobres, la clase media fue aplastada junto con todos sus efímeros sueños de prosperidad. Esta generación se sobrepreparó; desde pequeños les sembraron la idea de que para progresar había que ser licenciados, graduarse de la universidad y colgar el título en el salón de casa, sin embargo una vez que se graduaron la mayoría acabaron siendo taxistas o poniendo un changarrito integrándose así a la economía informal. Para ellos eso es el futuro: decepción, mucho ruido y pocas nueces. Una gran expectativa, y pocas realidades, sueños frustrados. Ahora bien, si esto lo trasladamos a los terrenos de la fe, ¿en qué futuro están dispuestos a creer estos chicos? ¿En un cielo blanquísimo donde todos tendremos un arpa y adoraremos perpetuamente? A mí me parece que no están dispuestos a vivir esa gran decepción; a mí me parece que han dejado de creer en el cielo y en el infierno eternos, que todo lo que tenga cara de futuro es engañoso. Les preocupa comer hoy, acostarse con alguna chica esta noche, pagar sus deudas, tener dinero para comprarse algún *gadget* que les brinde la ilusión del bienestar, y poder emborracharse el fin de semana.

Para los chicos de mi generación ha sido difícil mantenerse de pie en su fe. Les ha sido muy complicado defender su ideología cristiana en sus colegios y universidades mientras que Youtube está plagado de vídeos que favorecen el creciente desprestigio del cristianismo evangélico: pseudopastores y pseudoapóstoles abusando de su autoridad, telepredicadores pidiendo dinero a rajatabla, multitudes siendo manipuladas por personajes con un gran carisma y una gran labia (características que cuando operan en conjunto engañosamente se les ha venido a denominar «unción»), denominacionalismos sectaristas y místicos exhibicionismos exacerbados.

No sé si seremos capaces de recuperar al sector A, ya que sólo tenemos para ofrecerles conciertos, luces, espectáculos, shows, performances, iglesias con filosofías emergentes, cultos dominicales y de entre semana, el nuevo disco del artista cristiano de moda; tenemos cadenas de televisión y estaciones radiales para que escuchen predicaciones todo el día. Los del sector B también me preocupan, porque están *dentro* quizás solo porque pudieron entrar a ese submundo llamado ministerio, y no digo que no haya gente con llamamientos genuinos, no, lo que digo es que el ambiente está muy enrarecido y que los modelos que han aprendido quizás no sean correctos del todo: sensasionalismo, gracia barata, misticismo, legalismo, liberalismo, institucionalismo, humanismo, *show bussiness*, siendo llevados de acá para allá por diferentes vientos de doctrina (Efesios 4:14) y corrientes evangelicales.

Hace unos días le pregunté a un pastor amigo en México: «¿Por qué crees que se fueron?», a lo que me contestó rápidamente: «La respuesta es muy fácil, no tenemos plataforma para ellos, no sabemos sostenerlos, no tenemos nada que ofrecerles». Quizás, cuando muchos líderes lean estas líneas se sientan ofendidos porque ellos sí que tienen muchos jóvenes a su lado, pero no es mi intención ofenderles: me parece que su caso es la excepción y no la regla, por eso me atrevo a generalizar; es verdad que hay movimientos que hoy en día están arrasando la nación y que están movilizando multitudes de jóvenes, pero no sé si sean de las edades a las que me refiero, me parece que se está moviendo a jovencitos en edad adolescente, o jóvenes mayores que se han casado, que sus parejas les apoyan y se han conseguido involucrar ministerialmente; pero hay un hueco, un grave hueco: ellos no están.

Me parece que frente a este panorama hay una solución que no es sencilla porque la bola de nieve ya ha crecido mucho, pero es clara: debemos urgentemente volver a los principios. Nos urge volver a vivir un cristianismo más genuino, más sencillo, más básico. Necesitamos volver a la fe. Necesitamos volver a Dios, volver a Cristo, volver a abrazar al Espíritu Santo. Creo que es buen tiempo para releer e interpretar en primera persona, no para otros, la carta de Juan a la iglesia de Éfeso: «Pero tengo contra ti, que has dejado tu primer amor. Recuerda, por tanto, de dónde has caído, y arrepiéntete, y haz las primeras obras» (Apocalipsis 2:4-5).

¿De verdad nos interesan las generaciones jóvenes? Seamos genuinos, volvamos a estar con ellos, apaguemos nuestra vorágine activista y oremos con ellos, hablemos con ellos, preocupémonos por pasar tiempo de calidad en cantidad con ellos, por entenderlos, por responder sus preguntas; no resolveremos nada dándoles un curso de «cómo activar tu fe en 10 días»: nos necesitan a nosotros, necesitan *gente*. Entiéndeme: necesitan *personas* que estén con ellos, no superungidos, no megapredicadores, necesitan personas, *personas* que les amen y les entiendan, solo eso (y perdóname la redundancia): *personas*. Es probable que nuestros formatos ya no respondan a sus necesidades; reconozcamos que nuestros formatos cúlticos no son sagrados, volvamos al estilo de Jesús enseñado en el evangelio cuando nos dice que llamó discípulos *para que estuvieran con él* (Marcos 3:13).

Y no estoy diciendo con esta disertación que esta generación sea buena y la iglesia mala, no, por favor que nadie lo interprete de esa manera. Tengo muy claro que ellos también son incongruentes. Sé de primera mano que son ingratos con quienes les sirven, los conozco muy bien, soy parte de esa generación, tengo las mismas preguntas que ellos, así como las mismas inquietudes y necesidades. Nos parecemos mucho a la generación descrita en Proverbios 30:12: «Hay generación limpia en su propia opinión, si bien no se ha limpiado de su inmundicia». Solo estoy diciendo que aún hay una oportunidad: se trata de ellos, se trata de la iglesia de Cristo, se trata de Dios y su Reino, y nada más. En la medida de lo posible, amados, volvamos al principio, y quizás esa oportunidad de recuperación generacional florezca frente a nuestros propios ojos.

Solo tengo una oración para los jóvenes de esta fuga: Padre, que te conozcan a ti, y a Jesucristo, a quien has enviado (Juan 17:3).

BIBLIOGRAFÍA

BURT, D., *¿Y cómo creerán...? Manual de Evangelización* [Terrassa: Andamio, 1987].

LLENAS, J. y HUMMEL, C. F., Liderazgo y posmodernidad [Terrassa: Andamio, 2005].

McDOWELL, J., *No dejes tu cerebro en la puerta* [Betania, 1992].

MONROY, J. A., *La transición religiosa en España* [Alcalá de Henares, 2007].

RAVENHILL, L., *Por qué no llega el avivamiento* [Caribe, 1980].

SPURGEON, C. H., *Discursos a mis estudiantes* [El Paso, TX: Casa Bautista de Publicaciones, 2008].

OTROS TÍTULOS PUBLICADOS POR TYNDALE

Estos libros son recomendados especialmente para jóvenes y para todos aquellos padres preocupados por la problemática que enfrentan sus hijos en el mundo actual.

No bailes con la muerte
978-1-4964-0183-0

En un cruce de caminos
978-1-4964-0244-8

Este adolescente necesita otros padres
978-1-4964-0100-7

Educar sin maltratar
978-1-4964-0099-4

Eduquemos a nuestros hijos
978-1-4964-0143-4

DISPONIBLES EN LIBRERÍAS Y EN INTERNET

TYNDALEESPANOL.COM

CP1006